PETITE SŒUR

Avis aux lecteurs

Vous êtes nombreux à nous écrire
et nous vous en remercions.
Pour être sûr que votre courrier arrive,
adressez votre correspondance à :

Bayard Éditions
Collection Passion de lire
3/5, rue Bayard
75008 Paris.

Et bravo pour votre Passion de lire !

ILLUSTRATION DE COUVERTURE
JERRY FAYARD
D'APRÈS UNE PHOTO DE
CLAUDINE DOURY

ADAPTATION
LAURE MISTRAL ET ANAÏS BERGER

Cœur Grenadine

PETITE SŒUR

YVONNE GREENE
TRADUIT DE L'AMÉRICAIN
PAR ANAÏS BERGER

PASSION DE LIRE
BAYARD POCHE

Titre original
SWEET DREAMS® n° 5
Little Sister

Cœur Grenadine est une marque déposée,
reproduite avec l'aimable autorisation d'Alain Souchon et de Laurent Voulzy

Loi n°49 956 du 16 juillet 1949
sur les publications destinées à la jeunesse
Dépôt légal janvier 1998

ISBN : 2 227 72995 3

Chapitre 1

« Aujourd'hui, c'est mon anniversaire ! »
Cette idée me réveilla en sursaut. Je jetai un coup d'œil impatient à la pendule : 6 heures 34. J'avais seize ans ! Enfin, presque : dans douze minutes exactement.
Je regardai à travers la fente des volets. Le ciel était encore noir et le temps semblait maussade. Mon moral dégringola : quelle idée de naître en novembre ! Rien ne peut être réussi avec un mois pareil ! Heureuse-

ment, j'avais refusé de faire une fête, ce soir. Ç'aurait été un désastre !

Pourtant…

Lumière, musique, rires, et moi, Cathy Halley, au milieu des invités, comme une reine ! Quel beau rêve ! « Inutile de te raconter des histoires ! » pensai-je soudain, avec rage. Ma soirée ne pouvait être que ratée, et archiratée… En tout cas, cent fois moins bien que celle de ma sœur Christine, il y a deux ans ! Quand elle avait mon âge, tout lui réussissait déjà. Elle avait tout. Sans se forcer. La beauté, le succès, une scolarité brillante. Tandis que moi, j'étais à la traîne. Personne ne me remarquait. C'est vrai que je ne faisais rien pour arranger les choses. Je préférais dessiner pendant des heures, toute seule, plutôt que faire l'effort de me mêler aux autres. Je me repliais sur moi-même, de plus en plus. Et Christine ne faisait rien pour m'aider. Elle m'ignorait même carrément, depuis qu'elle était en terminale. À côté d'elle, je n'étais rien.

Rien que sa petite sœur.

Je tournai les yeux vers la photo posée sur ma table de nuit. Elle nous représentait, elle

et moi. Je poussai un gros soupir. Souvenirs, souvenirs…
À l'époque – j'avais douze ans et elle, quatorze – on s'appréciait. On aimait rire ensemble et tout se raconter. Mais c'était le passé. Un passé qui s'était cassé en mille morceaux, le soir de ses seize ans à elle.
Elle avait eu une fête extraordinaire avec un groupe de rock. Son copain de l'époque, Alan Ashley, avait chanté pour elle. C'était une soirée de juin douce et tiède, une soirée merveilleuse. Sauf pour moi. Je venais de comprendre que je n'arrivais pas à la cheville de ma sœur. Tout le monde devait être de mon avis puisque personne ne m'avait invitée à danser !
La fête avait fini très tard… sans moi. J'étais déjà couchée, le drap relevé sur la tête, à remâcher cette triste vérité !
Deux ans après, la situation n'avait pas changé. Et si j'avais pu, j'aurais passé toute cette journée d'anniversaire au fond de mon lit ! Depuis quelques jours, j'étais tellement déprimée en voyant approcher cette date, que je n'arrivais même plus à tenir un crayon !
Toc, toc !
Je sursautai. Le gai visage de maman appa-

rut dans l'entrebâillement de la porte. Elle chantonnait :
– Joyeux anniversaire…
Elle avait pensé à moi ! J'en oubliai ma tristesse et réussis à sourire.
Maman entra avec un plateau chargé d'un petit déjeuner de fête : une corbeille remplie de mini-croissants et de brioches, du jus d'orange, un chocolat chaud, une marguerite dans un vase… et une enveloppe rose, posée en évidence !
– Oh, Maman ! Tu n'aurais pas dû ! m'écriai-je. Tu t'es donné un mal de chien !
Elle m'embrassa :
– Ça m'a fait plaisir, ma chérie. Après tout, c'est la première et dernière fois que tu as seize ans ! Et puis, comme tu ne fais pas de soi…
Mon regard noir lui coupa la parole. Non, je ne faisais pas de soirée. Non, je ne fêtais pas mes seize ans dans les règles ! Où était le problème ? J'attrapai l'enveloppe :
– C'est Grand-Mère ! m'écriai-je en la décachetant.
– Oui, sa carte est arrivée hier, mais j'ai préféré attendre l'heure H pour te la donner !
– Elle est adorable ! murmurai-je. Du fin fond

du Missouri, elle pense toujours à nos anniversaires... et, regarde, elle m'envoie un chèque !
Ce détail m'ouvrit l'appétit, je mordis dans un croissant :
– Miam ! C'est bon !
– Dis-moi, ma chérie, interrogea ma mère en s'installant au pied de mon lit, comment te sens-tu maintenant que tu es une jeune fille en fleurs ?
Jeune fille en fleurs ? Il ne manquait plus que ça !
– Quelle expression ridicule ! grommelai-je. Dis-moi un peu en quoi j'ai l'air d'une jeune fille en fleurs, ajoutai-je, l'appétit soudain coupé.
– Ah, je vois..., murmura-t-elle.
Quoi qu'il arrive et quoi qu'on dise – que ce soit simple ou compliqué –, maman « voit » toujours tout !
– Et tu vois quoi ? demandai-je d'un ton aigre.
– Je vois que tu n'as pas le moral.
Touchée ! J'aurais préféré garder cette vérité pour moi. Me forçant à engouffrer une brioche, je marmonnai :
– Qu'est-ce que tu racontes ? Je vais très bien, moi ! Promis juré !

– Ne me raconte pas n'importe quoi ! s'écria maman. Pas à moi, Cathy ! Je suis ta mère et…

– Justement ! éclatai-je. L'amour maternel t'aveugle ! Jeune fille en fleurs ! Tu as vu l'allure que j'ai ?

– Quelle allure ? demanda-t-elle, étonnée.

– Tu comprends très bien ! rétorquai-je.

Il y eut un silence. Tête baissée, j'écrasais obstinément un petit bout de brioche dans mon assiette.

– Chérie…, murmura doucement maman.

Se penchant vers moi, elle me prit par le menton pour m'obliger à lever la tête vers elle :

– Dis-moi de quoi il s'agit !

– Vous êtes beaux dans la famille, balbutiai-je. Toi, papa, Christine. Mais moi, je ne vous ressemble pas. Pas du tout. Je suis moche ! Et je n'ai rien pour le faire oublier, achevai-je avec peine. Je suis nulle !

Comme maman restait ébahie, je criai :

– Imagine quelle impression ça fait d'être quelqu'un d'insignifiant !

Elle parut atterrée :

– Quelle sottise, Cathy ! On dirait que tu penses que tu es un vilain canard et qu'on ne t'aime pas. C'est absurde !

– Je ne te parle pas d'amour, mais de ce que je suis, ou plutôt de quoi j'ai l'air ! D'ailleurs, tu vois, à part Helen, je n'ai pas d'amis, tandis que Christine…

Je me tus.

Brusquement, j'avais l'impression d'être redevenue la gamine qui pleurnichait régulièrement : « Christine a un gâteau plus gros, Christine a une plus jolie robe… »

Bravo ! À seize ans, je gardais mes réactions de bébé ! Gênée, je repoussai le plateau en bredouillant :

– Il faut que je me lève. Excuse-moi, Maman… et merci… beaucoup… pour le petit déjeuner.

Mais elle ne bougea pas d'un centimètre. Ses beaux yeux bleus me scrutaient.

Elle me prit la main :

– Pourquoi fais-tu tout ce drame ? demanda-t-elle. Contrairement à ce que tu dis, tu es très mignonne. Et puis tu lis beaucoup, tu as de l'imagination, et tu dessines si bien ! Moi, je trouve que tu as une vraie personnalité.

– Toi, ça ne compte pas ! marmonnai-je en serrant les dents pour ne pas pleurer. J'ai seize ans, et personne ne m'invite jamais à sortir. Je suis un dinosaure !

Pour signifier à maman que j'en avais assez de parler, je sautai du lit et commençai à m'habiller, le dos tourné. J'enfilai mon pantalon de velours marron sous ma chemise de nuit ; tactique qui m'évitait d'apercevoir mes hanches osseuses.

– Un dinosaure..., reprit maman, Cathy, tu ne peux pas dire des choses pareilles ! Quelle idée !

Je tressaillis :

– Quoi ?

– Rappelle-toi, chérie, tes lamentations, il y a deux ans, parce que Christine était plus grande que toi.

– Et après ?

– Maintenant, tu la dépasses d'une demi-tête !

Je haussai les épaules :

– Je ne vois pas ce que tu cherches à prouver, Maman !

– Simplement que, petit à petit, tu deviendras toi-même. Tu embellis de jour en jour, tu mûris, aussi. Pour l'instant tu n'as pas assez confiance en toi, tu es trop timide. Il te faut juste un peu de temps... et de patience.

Je bouclai ma ceinture d'un geste brusque :

– Le temps arrange les choses. Oui, merci.

Je connais la rengaine. Mais si tu crois que ça marche à tous les coups !
– Bien sûr que oui ! Tu verras.
Maman sourit :
– Maintenant, je t'annonce que je ne quitterai pas cette chambre, tant que tu ne m'auras pas fait un beau sourire de jeune fille en fleurs !
– Tu y tiens, décidément ! protestai-je.
Je grimaçai néanmoins un rictus :
– Ça te va comme ça ?
Elle éclata de rire :
– C'est mieux que rien !
Elle empoigna le plateau et se dirigea vers la porte.
– Encore une fois, bon anniversaire, chérie !

Chapitre 2

Le battant à peine refermé, je me précipitai devant le miroir. Et si maman avait raison ? Sans m'en douter, j'étais peut-être devenue jolie… Enfin… presque ?
Un coup d'œil dans la glace, et mes illusions s'envolèrent. J'étais le même échalas que d'habitude ! Et quel air revêche ! Ma chemise de nuit voltigea au-dessus de ma tête. J'empoignai ma brosse et, le geste rageur, démêlai mes cheveux blond-roux.
Allez ! Autant voir les choses en face : j'étais

moche comme un pou. À côté d'une beauté comme Christine, c'était particulièrement difficile à supporter ! Ça me rendait même malade ! Du coup, nous passions notre temps à nous disputer, toutes les deux !
En prenant mes chaussures dans le placard, je revoyais une de ces scènes.
« Idiote…
– Espèce de prétentieuse…
– Pauvre gourde ! »
Les mots doux volaient bas. Mais Christine m'avait assené le pire l'autre jour, en me traitant de jalouse !
« Non mais, pour qui se prend-elle ? » me demandai-je, outrée. Question inutile ! Je connaissais la réponse : elle se prenait pour la préférée des parents.
Les pauvres ! Ils ne méritaient pas des filles pareilles ! Une bouffée de tendresse et de culpabilité m'envahit. Papa et maman sont si gentils… Je me jurai de faire un effort ! Il était temps de changer, de devenir aimable, conciliante et tolérante – tout ce qu'ils attendaient depuis seize ans – même avec Christine ! Et j'allais essayer… à condition qu'elle en fasse autant, bien sûr.
Dernièrement, elle n'était pas à prendre avec

des pincettes. Avait-elle des soucis ? Je haussai les épaules. Des soucis, Christine ? Quelle idée !
J'attrapai mes livres de classe et me dirigeai vers la porte.

Dehors, le ciel était si pur que, malgré le froid, il flottait un faux air de printemps. Mon moral remonta en flèche. Je marchais à grands pas.
Aujourd'hui, tout allait changer. J'allais peut-être rencontrer un garçon avec qui échanger autre chose que des banalités. Je l'imaginais drôle et délicat. Ouvert et attentif.
Comme Anthony Peters. J'étais sûre qu'il était ainsi !
Il était en terminale, mais nous nous croisions souvent. J'osais à peine lever les yeux vers lui. Mais je ne désespérais pas qu'un jour ou l'autre, avec un peu de chance, il me remarque peut-être…

Sur le parking du lycée, il y avait un bruit étourdissant. Des centaines de jeunes garaient leur mobylette ou arrivaient à pied, descendaient des bus du ramassage scolaire ou bien des voitures de leurs parents. Parmi eux, y en avait-il un seul pour s'ennuyer en classe autant que moi ? J'aurais bien aimé le savoir ! En passant à côté d'un groupe de garçons, je leur jetai un coup d'œil involontaire. Aucun ne m'intéressait, ce n'était pas nouveau. Ils étaient tous fades et insignifiants. Pourtant, je ne pus m'empêcher de souhaiter qu'un de ces êtres insipides fasse trois pas vers moi et m'invite ce soir. J'avais enfin seize ans, bon sang !

À cet instant, un hurlement me fit sursauter :

– Catherine !

Helen accourait à toutes jambes – autant que le lui permettaient ses kilos superflus. Je la regardai, éberluée :

– Catherine ? Qu'est-ce qui te prend ? On n'est pas à la cour d'Angleterre ! Pourquoi m'appelles-tu Catherine ? Fais-moi la révérence, aussi, pendant que tu y es !

Elle éclata de rire :

– Je te connais ! Quand tu fais cette tête, ça veut dire que tu es dans les nuages. Si j'avais crié « Cathy », tu n'aurais pas réagi. Je voulais juste te souhaiter un bon anniversaire, Cath.

Je la remerciai d'un grognement.

– Quelque chose ne va pas ? s'étonna Helen.

– Non, non. Tout roule.
Elle n'en crut pas un mot, mais elle savait que je n'en dirais pas plus. Après m'avoir scrutée longuement, elle diagnostiqua :
– Tu n'as pas le moral parce que personne ne t'a envoyé de fleurs pour tes seize ans.
Encore touchée ! Mais je réussis à rire :
– On ne peut rien te cacher !
– Allez, Cathy…
Elle me prit par l'épaule :
– Rien n'est perdu !
– Tu as raison, dis-je en m'efforçant de sourire. On se voit à la sortie, d'accord ?
– Bien sûr ! me répondit-elle d'un ton joyeux.
Là-dessus, nous partîmes chacune de notre côté. Je traînais un peu les pieds à la perspective d'une journée aussi terne que les autres.
Si j'avais su !

Chapitre 3

Pour le moment, la matinée n'en finissait pas. M. Boman, le professeur de math, débitait son cours d'une voix soporifique. Je planais donc parmi mes nuages habituels, lorsque la sonnerie retentit. Je sursautai. Ouf ! le temps passait finalement. Plus qu'une heure d'étude dans l'amphithéâtre, où toutes les classes étaient mélangées.

J'aimais bien y travailler parce qu'il m'arrivait de me trouver près d'Anthony Peters. Dans la foule, j'aperçus immédiatement sa

tête brune. Il y avait une place libre juste devant lui. Quelle chance ! Je m'assis sans oser le regarder.
Tout en ouvrant mon livre de géologie d'un air affairé, je me demandai en souriant vaguement quelle tête il ferait s'il devinait que je pensais à lui…
Je haussai les épaules : il ne ferait aucune tête ! Anthony Peters se fichait pas mal de moi ! J'avais autant d'intérêt à ses yeux que la serveuse de la cafétéria ou la surveillante de l'étude ! Et, réprimant un soupir, je tâchai de me concentrer sur ma leçon.
C'était peine perdue ! J'entendais bouger Anthony derrière moi. Il avait du mal à caser ses jambes sous le bureau. De longues jambes d'ancien basketteur. Depuis qu'il s'était blessé au genou, il avait arrêté le sport et s'était inscrit au cours de théâtre du lycée. Celui où jouait Christine. « Elle, encore elle, toujours elle ! » pensai-je, furieuse.
Le front dans les mains, je me replongeai dans mon livre. Inutile d'espérer m'en sortir ! Une fois de plus, ma sœur se trouvait sur mon chemin. D'ailleurs, le peu que je savais sur Anthony venait d'elle.
Malgré moi, je cherchais à deviner ce qu'il

faisait. Je retins mon souffle pour l'écouter. Sa plume grinçait sur le papier. Il soupira, gribouilla une page, remua avec impatience et…

– Aïe !

Je venais de recevoir un bon coup dans les chevilles ! Mlle Stanford, la surveillante, me décocha un regard offusqué. Avertissement n° 1.

Je rougis. Cette espèce d'adjudant était capable de me coller pour indiscipline ! Mais, dans mon dos, j'entendis une voix grave chuchoter tout bas :

– Je t'ai fait mal ?

J'en restai médusée. Anthony me parlait ! Intimidée, je réussis pourtant à bredouiller :

– Pas… pas du tout.

Là, Mlle Stanford se racla la gorge. Avertissement n° 2. Des rides se creusaient entre ses sourcils et de chaque côté de sa bouche. Elle ressemblait à un bouledogue irrité.

– Je te parie qu'elle va se mettre à aboyer, souffla Anthony.

J'étouffai un petit rire. J'étais de plus en plus mal à l'aise. Il me parlait pour de bon !

– Ne plaisante pas ! Elle… me fait peur ! balbutiai-je.

– C’est ce qu’elle cherche. Pour dominer la situation.
– Tu crois ?
N’y tenant plus, je me retournai vers lui.
– Oui. Bien sûr. Si elle veut se faire respecter, elle est obligée de montrer les dents. En plus…
– En plus… quoi ? chuchotai-je.
Tout à coup, je me moquais royalement de Mlle Stanford, j’avais envie qu’Anthony continue à me parler. Il se pencha vers moi. Son souffle m’effleura la joue :
– C’est une femme qui n’est pas sûre d’elle. Elle est sourde d’une oreille, alors, tu comprends…
Je comprenais surtout qu’il me souriait. À moi, Cathy, l’affreux canard !
À cet instant, un glapissement traversa l’amphithéâtre :
– Catherine Halley et Anthony Peters !
La tête dans les épaules, je plongeai le nez dans mon livre. C’était un peu tard. Assenée d’une voix sèche, la sentence tomba :
– Vous êtes collés. Tous les deux.
Collés ! Je l’aurais parié ! Elle n’attendait que ça ! Mlle Stanford triomphait. Je n’osais plus bouger. J’avais l’impression que des dizaines

d'yeux étaient braqués sur Anthony et moi. Il devait être furieux d'avoir été pincé comme un gamin... par ma faute ! D'habitude, il se faisait plutôt remarquer pour son talent d'acteur ou ses succès scolaires.

« Fin de l'acte I, pensai-je. Il va me détester, il n'y aura pas d'acte II. »

Un chuchotement un peu rauque me fit tressaillir :

– Un point partout. Tu t'es vengée de mon coup de pied, hein ?

Anthony riait ! Tout à coup, j'eus la sensation de me trouver sur la crête d'une vague lumineuse. Si, il y avait un acte II. Il commençait même à l'instant !

Je regardai alors Mlle Stanford avec tendresse : sans le vouloir, elle venait de me faire un très beau cadeau d'anniversaire !

À 15 heures, dans l'établissement déserté, il ne restait plus que deux détenus, Anthony et moi, qu'accompagnait M. Barker, notre geôlier. La mine renfrognée, ce dernier nous conduisit dans la salle où nous devions noircir quatre pages, sur le sujet palpitant imposé par Mlle Stanford : « De l'utilité du silence pendant l'étude. »

Nous nous mîmes au travail. Mais à peine avions-nous commencé à rédiger que M. Barker nous interrompit d'un ton impatient :

– Une page et demie suffira.

Quelle bonne nouvelle ! Notre surveillant avait hâte de rentrer chez lui !

La tête baissée, je griffonnais à toute allure des mots sans queue ni tête. « De l'utilité du silence… » C'était d'actualité ! Anthony et moi n'avions pas échangé un mot depuis l'heure d'étude. À deux pas de moi, il écrivait sans relâche. Et, pendant une longue minute, j'imaginai qu'une véritable complicité naissait entre nous.

– Tu as fini ? me demanda-t-il soudain.

Je relevai la tête avec stupeur : il était planté devant moi.

– Dépêche-toi, Cathy. Je t'attends pour partir, ajouta-t-il.

Le cœur serré par l'émotion, je baissai la tête. Les mots que je traçais ondulaient sur ma feuille.

– J'ai… presque terminé, bredouillai-je. Voilà, ça y est.

– N'oublie pas le paragraphe au sujet de tes regrets, surtout !

Reprenant mon souffle, j'osai le regarder en

face. Des étincelles malicieuses pétillaient dans ses yeux. Je me détendis brusquement et lui souris franchement :

– De quels regrets parles-tu ?

– Voyons, Cathy, de ceux que tu éprouves d'avoir troublé l'étude !

– Quel toupet, Anthony ! C'est toi, avec tes grands pieds !

Il se mit à rire :

– Pas du tout ! C'est toi, avec ton cri de paon ! À croire qu'un rouleau compresseur t'écrasait les orteils.

– C'était presque ça, répondis-je en désignant ses baskets. Tu chausses au moins du 46 !

Il se mit à rire :

– Tu as raison. Je vais étudier sérieusement la façon de caser mes pieds, sans heurter les chevilles délicates des jeunes filles.

Je pouffai. M. Barker nous jeta un coup d'œil excédé et plein d'espoir :

– Vous avez terminé ?

– Oui, oui…

Je réunis mes affaires, sans trop me presser. Plus que trois minutes, et tout serait fini.

– J'ai ma voiture. Je te dépose, Cathy ?

Avais-je bien entendu ? Anthony voulait me raccompagner ? Incroyable !

Je balbutiai « oui » d'une voix blanche.
Je montai dans sa Mustang cabossée avec autant d'orgueil qu'une milliardaire s'installant dans sa Rolls. La surprise et la joie me coupaient la respiration. Puis, très vite, ce fut l'inquiétude : « Qu'est-ce que je vais bien pouvoir dire ? Je vais l'ennuyer… c'est sûr ! »
Anthony démarra.
– À quoi penses-tu ? demanda-t-il tout bas, au bout d'un moment.
– Au problème de math de… euh… cet après-midi, inventai-je précipitamment.
– Ouille ! C'est mauvais signe !
Oubliant un instant ma gêne, je le regardai avec étonnement :
– Mauvais signe ?
Il sourit :
– Signe que tu ne joues pas la comédie !
– Quelle comédie ?
– Celle de la bonne élève ! À l'étude, tu es toujours plongée dans ton travail, comme si ta vie en dépendait. Alors, c'est vrai ?
Je rougis. Non ! C'était faux ! Mais je ne pouvais pas lui avouer qu'il m'intimidait trop pour que j'ose regarder ailleurs que devant moi ! M'intéressant subitement au paysage que nous traversions et que je connaissais

par cœur – nous habitons le plus joli coin de Northdale, cette grande banlieue de Chicago, émaillée de pavillons et de jardins –, je ne répondis pas.

– J'en avais marre de contempler ton dos, dit-il brusquement. Et je n'ai trouvé que la solution du coup de pied. Aux grands maux, les grands remèdes !

Je le fixai, stupéfaite :

– Donc… tu as fait… exprès ?

– Eh oui ! Et je ne le regrette pas. Franchement, tu es cent fois mieux de face !

Abasourdie, je détournai les yeux.

Quelqu'un s'intéressait enfin – un peu – à moi. Et c'était Anthony ! J'avais du mal à y croire. Il y eut un silence.

Il prit la rue tranquille qui conduisait à la maison, ralentit, et s'arrêta. Je marmonnai un vague remerciement avant de sauter de voiture.

Il me rattrapa par un pan de ma veste :

– Hé ! Cathy !

Je me retournai vers lui.

– Demain soir ton pied sera guéri, tu crois ? demanda-t-il tout bas.

J'éclatai de rire :

– J'espère.

– Dans ce cas, on pourrait aller au cinéma ? Je viendrai te chercher à 19 heures si c'est possible.
– Je pense que mes parents seront d'accord.
– À demain, alors, chuchota-t-il.
Sur un petit signe de tête, il repartit. Je restai clouée au sol, suivant des yeux sa voiture qui s'éloignait le long de la rue déserte. À une centaine de mètres, elle stoppa au feu rouge… et je vis déboucher Christine ! Un enfant à chaque main – elle faisait du baby-sitting après la classe –, elle traversa devant la Mustang.
Mon sang se glaça dans mes veines. Elle s'arrêtait pour parler à Anthony !
Je faillis crier. Tout s'éclairait. Au fond, c'était elle qui lui plaisait, pas le vilain canard que j'étais ! Faute de grives, on mange des merles, n'est-ce pas ? Pour approcher ma sœur plus facilement, Anthony m'avait joué la comédie ! Je n'étais qu'un vulgaire prétexte !
J'avais envie de pleurer. Puis je me souvins qu'ils faisaient du théâtre ensemble…
– Arrête, Cathy ! murmurai-je. Ils discutent seulement de leur pièce !
Un peu rassérénée, j'entrai dans la maison en courant.

Chapitre 4

Légère comme une bulle, je pénétrai dans le salon et, soudain, les fauteuils, le canapé, les livres sur la table basse et le téléviseur sur son socle, tout me parut plus joli que d'habitude ! Il flottait dans l'air comme un parfum de bonheur qui donnait envie de danser. Tout s'était passé si vite, et si facilement ! Je n'en revenais pas.

– Tiens ! Tu es là, Cathy ?

Arrachée par la voix de maman à mon en-

volée poétique, je souris en murmurant :
– J'adore…
– Oui, je sais bien, mon chou…
Interloquée, elle finit par ajouter en désignant la télévision :
– C'est d'ailleurs la raison pour laquelle on a dû limiter le temps que tu passes, vautrée devant !
J'éclatai de rire :
– Maman ! Je ne te parle pas de la télé, mais de ce tableau, là, dans l'entrée. Il est génial !
Elle rit aussi. Puis elle me jeta un regard troublé :
– Tu es sûre que ça va, Cathy ?
– Super ! m'écriai-je.
Mais je n'en dis pas plus. Il était trop tôt pour parler de la rencontre que je venais de faire. Le feu aux joues, je me retournai précipitamment vers le tableau :
– Au fait, d'où vient-il ?
Maman répondit d'un ton joyeux :
– Je l'ai repéré dans un magasin, le jour même où je suis tombée amoureuse de ton père et je le lui ai offert pour son anniversaire.
Il y eut un silence, puis elle ajouta :
– Mais je t'ai raconté cette histoire une dizaine de fois !

– Je l'avais oubliée, m'excusai-je, soudain gênée.
– Aucune importance !
Elle me prit par l'épaule :
– J'ai une surprise pour toi. Viens donc à la cuisine.
Mes narines frémirent. Ça sentait bon ! Maman poussa la porte.
Au milieu de la table, sous une couronne de bougies, trônait un énorme gâteau au chocolat. Mon gâteau d'anniversaire.
– Oh, Maman ! m'exclamai-je. Pourquoi as-tu fait ça ? Je parie qu'il y a un bataillon d'invités cachés partout dans la maison et prêts à me sauter dessus !
Un éclat de rire retentit derrière la porte :
– Non ! Juste ton vieux papa ! dit mon père en surgissant, un gros bouquet de roses à la main. Pour ma jeune fille en fleurs…
Décidément, c'était une obsession ! Il me serra dans ses bras :
– Je me suis échappé de la banque pour être ici avec toi !
– Un sous-directeur qui sèche, plaisanta ma mère, on aura tout vu !
Partagée entre l'émotion et l'amusement, je humai les fleurs.

Maman me sourit et s'empara de la pelle à tarte :
– Enfin, j'ai un bon prétexte pour déguster mon gâteau préféré !
À cet instant, Christine entra :
– Il y a une petite part pour moi ?
Tout en mettant le bouquet dans un vase, je dis du bout des lèvres :
– C'est gentil d'être venue…
– Je me suis débarrassée des gamins et… voilà !
Elle sortit un petit paquet de sa poche :
– C'est pour toi.
Tandis que je défaisais le papier doré, elle me sourit plutôt gentiment :
– Pour te faire belle au cas où ON t'inviterait à sortir…
Embarrassée, je me dis qu'elle était déjà au courant ! Cela ne me plaisait qu'à moitié. Mais je poussai un cri de joie en découvrant deux jolis bracelets en perles multicolores :
– Ils sont ravissants, Chris !
Je l'embrassai.
– Alors, c'est pour demain ? me chuchota-t-elle à l'oreille.
Je ne répondis pas. D'ailleurs, maman remplissait nos verres d'un pétillant à la pêche.

– Voilà ce qu'on appelle une cérémonie « dans la plus stricte intimité » ! plaisanta-t-elle.
– On est tellement mieux, tous les… quatre ! dis-je en souriant.
Je levai mon verre :
– À vous, des parents absolument extraordinaires… !
Je fis un gros effort pour ajouter :
– Et à toi, Christine
Mon verre fit un petit bruit cristallin quand il heurta le sien.
– À tes seize ans, Cath !
Nous bûmes une gorgée. Puis maman alluma les bougies et s'écria :
– Maintenant, souffle-les en faisant un vœu !
Je pris ma respiration. Mon vœu ?
Je rougis. J'aurais parié que Christine lisait dans mes pensées. Je soufflai de toutes mes forces. Les petites flammes s'éteignirent d'un seul coup. J'eus envie de chanter.
Trop discrète pour poser des questions sur mon spectaculaire changement d'humeur par rapport au matin, ma mère coupa quatre grosses parts du gâteau et remplit nos assiettes. Il était délicieux… sûrement, mais j'en sentais à peine le goût. J'avais l'esprit… ailleurs !

Pendant le dîner, j'étais encore sur mon petit nuage. Même l'attitude de Christine ne réussit pas à m'atteindre. Oubliant notre bref instant de complicité, elle faisait son numéro habituel pour attirer l'attention.
– Papa, Maman, minauda-t-elle, je vais vous étonner ! Devinez ce qui m'arrive !
– Quoi, chérie ? demandèrent-ils en chœur.
Ma sœur se rengorgea, fière de son effet :
– J'ai eu 19 sur 20 au contrôle de math !
Du côté des parents, il y eut des exclamations d'admiration et de surprise. Elle les fit taire d'un geste :
– Attendez ! Ce n'est pas le plus beau !
Et, après avoir pris un temps de pause théâtral, elle lança sa bombe :
– Notre prof, M. Bert, a dit devant toute la classe que c'était la première fois en cinq ans qu'il mettait une note pareille !
Disant cela, elle me décocha un coup d'œil mi-triomphal mi-provocant, qui me vexa. Mais je restai muette. Je venais de me rappeler mes bonnes résolutions du matin. Même si ma sœur sous-entendait clairement que je n'étais qu'une godiche – et une nullité en math –, je n'allais pas répondre !
– Génial, Christine ! réussis-je à marmonner.

L'étonnement pétrifia mes parents. Ils n'étaient pas habitués à ce genre de réaction de ma part ! Christine elle-même me regardait, déconcertée.
Elle devait trouver son compte dans nos disputes, je l'aurais parié ! Mais j'allais la forcer à changer. Il le fallait ! À nous voir en « bons termes », papa et maman paraissaient soulagés, tout à coup !

Après le dîner, une fois ma sœur sortie – avec un certain Terry dont on entendait beaucoup parler –, je partageai le reste du gâteau avec mes parents.
– Alors, cette journée d'anniversaire ? s'enquit mon père. T'a-t-elle apporté des surprises ?
Il me regardait avec une tendresse inquiète, comme s'il avait deviné quelque chose.
Je hochai la tête :
– Eh bien, j'ai rencontré…
La voix étranglée par la timidité, je plongeai le nez dans mon assiette :
– … un garçon sympa et drôle, dis-je tout bas. Il fait du théâtre avec Christine, et il m'a invitée à aller au cinéma demain soir…
Sans leur laisser le temps de placer un mot,

je continuai d'une voix perçante :
– J'ai accepté ! Je peux, hein ? Il n'y a pas de raison que vous refusiez ! C'est un garçon très bien, sérieux et tout !
Mon père me regarda avec étonnement :
– Mais, enfin, Cathy, qu'est-ce qui te prend ? Nous n'allons pas t'interdire de sortir.
– Merci... merci beaucoup ! dis-je, emportée par une joie irrépressible.
Je leur sautai au cou. Ils m'adressèrent un sourire attendri, identique – j'imagine – à celui qui avait accueilli mes premiers pas ou mon premier balbutiement.

Je dormais à poings fermés quand, venu du dehors, un bruit léger me réveilla. Christine revenait de sa soirée.
Bruit familier... Je l'avais si souvent guettée dans la nuit, quand la jalousie m'empêchait de dormir !
Cette nuit, c'était différent. Je me sentais un peu sa complice. Moi aussi, demain, je rentrerais sur la pointe des pieds, telle Cendrillon avant les douze coups de minuit !
Je jetai un coup d'œil machinal aux chiffres lumineux du radio-réveil... et je fus saisie : 2 heures du matin ! Ma sœur n'avait

pas la permission de rentrer aussi tard…
– Christine…, chuchota une voix grave. Celle de Terry, sûrement. Malgré moi, je tendis l'oreille :
– Tu dois lui parler, dit-il.
Ça se corsait ! Qui était ce « lui » mystérieux ? À pas de loup, je m'approchai de la fenêtre. Dans la nuit et à travers les fentes des volets, je ne distinguai que deux silhouettes devant la porte d'entrée.
Terry s'écarta soudain de Christine :
– On se revoit quand ?
Quelle question ! Demain, bien sûr ! Ils se voyaient tous les jours au lycée. Il lui posa un baiser sur le nez. Elle rit tout bas et renversa la tête, les yeux clos. Il la tenait par la taille :
– Dis-lui… vite… s'il te plaît, supplia-t-il. Parce que…
Zut ! Une voiture passait dans la rue ! Le bruit du moteur couvrit la voix de Terry, mais les deux silhouettes ne firent plus qu'une, en s'embrassant. Cela dura longtemps, puis les amoureux se séparèrent enfin. Ma sœur sortit sa clé, lui s'éloigna vers sa voiture. Avant d'y monter, il se retourna vers Christine avec un demi-sourire. Le rayon de lune glissa sur

son visage anguleux. Je retins un cri : ce n'était pas Terry !

En trébuchant, je regagnai mon lit, remontai la couverture sur ma tête et ne bougeai plus.

Qui était ce garçon ?

Une minute plus tard, j'entendis Christine monter l'escalier doucement, s'arrêter trois secondes devant ma porte et se diriger vers sa chambre, au fond du couloir. Elle ne m'avait sûrement pas vue – le volet me cachait –, mais j'avais un peu honte de l'avoir espionnée !

Qui était ce garçon dont je n'avais jamais entendu parler ? Et qu'était devenu Terry ? Ces questions me tracassèrent un moment, puis je basculai dans le sommeil.

Chapitre 5

Un soleil magnifique inondait ma chambre. Avec un soupir d'aise, je m'étirai comme un chat, dans la tiédeur des oreillers. Et je poussai un cri. Samedi ! Le cinéma avec Anthony, c'était aujourd'hui, ce soir, à 19 heures ! Qu'est-ce que j'avais à traîner ? Il n'y avait pas une minute à perdre !

Repoussant les draps, je me levai d'un bond et filai comme une fusée, en direction de la cuisine. En remplissant la bouilloire, je fis gicler l'eau dans tous les sens. En mettant les tartines dans le grille-pain, je me pinçai les doigts, puis la boîte de thé m'échappa des mains... Bref, j'étais une véritable pile électrique.

– Mais enfin, Cathy, qu'est-ce que tu as ? s'inquiéta maman.

Elle était assise à table et lisait le journal. Je ne l'avais même pas remarquée !

– Ce soir..., commençai-je d'une petite voix étranglée.

– Ce soir, quoi ?

Sur cette question désinvolte, maman se replongea dans le *Chicago Sun-Times*. Je m'installai en face d'elle :

– Dis...

Elle releva la tête.

– Comment t'es-tu débrouillée à ton premier rendez-vous, quand tu avais mon âge ? Comment ça s'est passé lorsque tu as commencé à voir papa ?

Maman sourit :

– C'était merveilleux.

– Mais encore ?

– Que veux-tu que je te dise de plus, ma chérie ? Ça ne te servirait à rien : la vie a tellement changé ! À l'époque, les parents étaient

beaucoup plus sévères. Ils craignaient les ragots des voisins.
Je me versai une tasse de thé en déclarant pensivement :
– Tu crois que ça a tellement changé ? Les gens adorent toujours savoir ce qui se passe chez les autres… et en dire du mal !
Maman hocha la tête :
– C'est vrai. Mais, de nos jours, plus personne ne se cache derrière une fenêtre pour espionner la fille d'à côté qui embrasse son petit ami.
Plus personne, non ! Mais moi, oui ! Gênée, je bus précipitamment une gorgée. Si ma mère apprenait ce détail, elle risquait d'être horriblement déçue. Je demandai :
– Allez, raconte comment ça se passait avec papa !
– Je ne le voyais que pendant le week-end. Le reste de la semaine, je restais enfermée à la maison. Je trépignais en attendant le vendredi soir.
– Ça se comprend !
Il y eut un silence. Elle regardait ailleurs, plongée dans ses souvenirs.
– L'expérience des autres ne sert pas à grand-chose, reprit-elle soudain. Et puis, tu sais, ça

n'a rien à voir avec ta sortie de ce soir. Tu as la vie devant toi pour rencontrer l'élu de ton cœur. Comporte-toi avec naturel, et tout ira bien.

Avec naturel… D'accord ! Mais quand votre « naturel » vous déplaît, qu'est-ce qu'on fait ?

La question était épineuse. J'allais la poser quand maman saisit ostensiblement son journal et disparut derrière. L'entretien était terminé. J'étais un peu déçue.

À cet instant, le téléphone sonna me tirant de mes pensées. Je me ruai sur l'appareil de la cuisine et décrochai.

– Allô !

– Helen !

– Merci pour le lapin, me reprocha-t-elle. Hier, je t'ai attendue une demi-heure, debout en plein vent.

Incapable d'avouer à mon amie que j'avais oublié notre rendez-vous, je bégayai :

– Excuse-moi… mais il m'est arrivé quelque chose d'incroyable.

– J'arrive ! s'écria-t-elle ausitôt.

Sans oser regarder du côté de maman, je mis ma tasse dans le lave-vaisselle et, laissant mes tartines se racornir définitivement dans le grille-pain, je quittai la cuisine.

C'est terrible de manquer à ce point de confiance en soi. Si terrible même qu'on prend conseil de n'importe qui. Y compris de la sœur qu'on ne peut s'empêcher de jalouser et d'espionner !

Je montai à l'étage. La porte de la salle de bains que je partageais avec Christine était entrouverte. J'entrai. Elle y était déjà et se maquillait.

« Pour qui ? me demandai-je. Terry… ou l'autre ? » Mais je n'osai pas lui poser la question.

À petits gestes précis, elle se mettait de la crème. Elle me décocha un bref coup d'œil :

– Qu'est-ce que tu as à me fixer avec ces yeux ronds ?

– Rien, rien. Je regarde ce que tu fais, marmonnai-je en farfouillant dans le bocal, rempli d'épingles à cheveux et de barrettes.

Elle appliquait du fard sur ses pommettes.

– Ce que je fais ? répéta-t-elle sans comprendre.

– Avant un rendez-vous.

Elle sourit, moqueuse :

– Ne me dis pas que tu as le trac à l'idée d'aller au cinéma avec Anthony !

Je pataugeai :

– Le trac… euh… non ! Mais je n'ai pas l'habitude. Alors je me demande s'il y a… une marche à suivre !
Christine éclata de rire :
– Une marche à suivre ! On dirait que tu parles du mode d'emploi d'un ordinateur ou d'un sèche-cheveux ! Il n'y a pas de recette, Cath !
Comme elle était de bonne composition, ce matin, j'insistai :
– Tu es sûre ?
En fait, une recette m'aurait arrangée. C'est plus facile à copier.
– Oui, certaine, dit-elle en me regardant en face. Sois spontanée, voilà tout !
– Spontanée ?
– Oui. Agis avec naturel.
Encore ? Elles étaient déjà deux à parler de ce fameux « naturel » ! S'il faisait l'unanimité, ce conseil devait avoir du bon. Je reprenais espoir. Cela ne dura pas. Ma sœur me regardait d'un air critique.
– Qu'est-ce que j'ai ?
– Naturel ne veut pas dire « négligé », déclara-t-elle d'un ton professoral, et toi, tu es limite.
Limite ? Je jetai un coup d'œil à la glace et compris ce qu'elle voulait dire. En effet,

j'avais les traits tirés, les cheveux hirsutes et un tee-shirt froissé.
– Si tu commençais à prendre soin de toi, poursuivit-elle, ce ne serait pas un mal ! À seize ans, c'est le moment.
Je ne savais plus à quel saint me vouer. Naturelle ou soignée ? Je ne voyais pas comment ça pouvait aller ensemble.
– Laisse tomber ! me dit Christine, adoucie. Et ne te casse pas la tête. Tu t'en sortiras.
Je n'eus pas le temps de savourer cet encouragement, si étonnant de la part de ma sœur ! La voix d'Helen résonnait déjà dans l'entrée :
– Cath ! Où es-tu ?
– Monte ! criai-je.
Elle me rejoignit dans ma chambre.
– Alors, alors, alors… ?
Je regardai le réveil. Il était 10 heures 30.
– Dans huit heures et demie, annonçai-je, je vais au cinéma avec Anthony Peters.
Helen en resta médusée. Pas longtemps. Trente secondes plus tard, je devais tout lui raconter par le menu et, au bout d'une demi-heure, une montagne de vêtements, essayés, regardés, mis et ôtés – ou jetés avec rage – s'amoncelait au milieu de la pièce.

Quelle pagaille ! J'avais tout passé ! Même la robe d'époque de ma grand-mère, en macramé. Le placard était vide.
– Je n'ai rien à me mettre ! me lamentai-je.
Helen ramassa mon pull jaune à capuche, jeté en boule sur le lit défait :
– Et ça ?
– Je le portais hier. Quand il m'a invitée.
– Ce pull fait son effet, la preuve ! plaisanta-t-elle.
Mais il était impensable que je remette les mêmes vêtements que la veille : Anthony risquait de me trouver « négligée ». Helen prit les choses en main :
– Il n'y a plus qu'une solution, s'écria-t-elle, on va faire un tour au centre commercial ! Emporte tes économies !
– Bonne idée ! Grâce à ma grand-mère, je suis riche !

Le centre commercial de Mayfield est situé à la périphérie de Northdale, notre banlieue. Avec ses fontaines, ses pelouses, ses voies piétonnières, sa succession de magasins et de cafétérias, cet énorme complexe ressemble à une ville en miniature. Souvent je viens ici pour faire des croquis… ou du lèche-vitrines.

Pour moi, c'est à la fois la caverne d'Ali Baba et le palais de Dame Tartine !
Mais après trois heures de recherches et d'essayages, j'avais la preuve que le tee-shirt idéal ne se trouvait pas là !
Pourtant, je savais exactement ce que je voulais. Joli (mais pas tape-à-l'œil), d'une couleur vive (mais pas criarde), d'une forme sympa (mais pas provocante) ; original (mais pas excentrique), confortable (mais élégant), il devait être bon marché, et paraître de bonne qualité !
Mission impossible !
Je regardai ma montre :
– Oh ! là là ! Anthony va arriver, et je ne serai pas prête !
– Tu as encore quelques heures devant toi…
– Non. Il faut que j'y aille !
Une espèce de panique faisait trembler ma voix. Helen me jeta un coup d'œil pensif :
– Voyons, Cathy. Ne te mets pas dans des états pareils ! Aller au cinéma avec un copain n'a rien d'un exploit ! Il est comme tout le monde, ton Anthony !
Ça lui allait bien de me dire ça ! Elle tombait amoureuse tous les quatre matins et croyait, à chaque fois, rencontrer le prince charmant !

– Non. Il est cent fois mieux que tout le monde ! rétorquai-je.
– Tu parles ! C'est surtout le premier garçon qui t'invite à sortir. Mais ne t'inquiète pas, tout ira bien, m'assura-t-elle avec un grand sourire.
Je souris aussi :
– C'est idiot, mais j'ai aussi peur que si j'avais rendez-vous chez le dentiste.
– Sauf que ce sera plus sympa ! conclut Helen en souriant.
Là-dessus, nous nous séparâmes. Mon amie fit un détour en direction de la quincaillerie – il y travaillait un certain Alex qui avait toutes les qualités. Moi, je rentrai à la maison, la tête basse et l'estomac noué. L'heure tournait. Si je me sentais mal à l'aise dans mes vêtements, je n'arriverais jamais à ouvrir la bouche, je le savais...
Il fallait prendre les choses en main. J'optai pour le jean et fis une razzia parmi les produits de beauté de Christine. Mais manipuler le blush et l'eye-liner est un art plus difficile pour moi que dessiner à l'encre de Chine ! Après ma tentative de maquillage, je ressemblais à une sorcière de carnaval. Découragée, je me lavai la figure.

J'avais envie de hurler. Autour de moi, tout était sens dessus dessous.
– Si ça continue, plaisanta papa, je remets ta sortie à une date ultérieure !
Cette menace moqueuse me fit l'effet d'une douche froide. Je me sentis d'un seul coup ridicule et excessive. Je retrouvai mon calme, m'excusai auprès de Christine d'avoir chipé son maquillage. Ma bonne volonté la sidéra à tel point qu'elle proposa de me donner un coup de main !
Elle me fit un brushing et me coiffa. Mes cheveux retombaient à présent en ondes lumineuses sur mes épaules. Puis elle me maquilla légèrement. Sur ces entrefaites, maman entra en scène pour me prêter son pull en mohair vert. Je passai un collier et les bracelets offerts par Christine, touche finale à ma tenue. J'étais prête, et le résultat n'était pas mal du tout !
À 18 heures, Terry vint chercher Christine. Et, le nez fixé sur l'horloge, je restai seule avec mes parents.
Il ne me restait plus qu'à attendre.

Chapitre 6

Je planais sur un nuage. C'est-à-dire que j'étais assise à côté d'Anthony qui conduisait. Je jetais des regards furtifs sur son profil attentif.

– On va au cinéma, alors ? Après, on ira prendre un pot chez Jack's. Ça te dit ? proposa-t-il.

– Bien sûr. C'est super !

Il aurait pu m'inviter n'importe où, quelle importance ? Ce qui comptait, c'était d'être avec lui !

– Je suis content que ce plan te plaise. J'avais envie de t'inviter à faire un tour à Disney-world, mais j'ai pensé que tes parents ne seraient pas d'accord, plaisanta-t-il.
– Gagné ! Interdit par papa ! répondis-je en entrant dans son jeu. Il trouve que c'est un endroit louche !
J'éclatai d'un rire nerveux – je devais paraître cloche !
– Où on va ? l'interrogeai-je après m'être calmée.
– Au Triâtre.
C'était le cinéma à trois salles de Mayfield.
– Au Triâtre ? Super ! m'écriai-je.
Et je me ratatinai dans mon siège. « Super ! » Je ne savais dire que ça ! Anthony devait avoir l'habitude de filles brillantes, et moi, je ne sortais que des banalités !
Sa voix me fit sursauter :
– Est-ce que tu aimes Shakespeare, Cathy ?
– Oui. Bien sûr, répondis-je précipitamment. Enfin, j'ai juste lu *Hamlet*.
J'avais été bien obligée, cette œuvre était au programme ! J'avais d'ailleurs eu un mal de chien à m'y intéresser. Je préférais de loin les romans au théâtre. Comme s'il devinait ma pensée, Anthony poursuivit :

– Au début, c'est plutôt rébarbatif. Il faut entrer dedans, et alors ça devient passionnant ! Tu sais, je travaille Roméo et…

– Roméo ? Tu vas jouer Roméo ? l'interrompis-je en oubliant ma timidité.

– Oui, mais ce n'est pas officiel. En principe, je ne le sais pas encore ! C'est un secret, Cathy, chuchota-t-il en me souriant.

Un sentiment de fierté m'envahit. Anthony Peters partageait un secret avec moi ! Je m'enhardis jusqu'à lui demander :

– Et… Juliette ? Ce sera… qui ?

Il se mit à rire :

– Mystère ! Ça, je n'ai pas réussi à le savoir !

La conversation s'arrêta là. Nous étions arrivés et il chercha une place dans le parking. J'oubliai Roméo et Juliette, les amants de Vérone, d'autant plus que nous rejoignîmes des amis d'Anthony. Un peu déçue de ne pas rester seule avec lui, je tâchai néanmoins de faire bonne figure.

Franck Mason et Lisa White étaient aussi en terminale, mais ils me mirent très vite à l'aise. J'avais soudain l'impression de grandir à toute vitesse… Nous nous engouffrâmes dans le cinéma.

Le film était très drôle. Ma timidité s'envola

en éclats de rire et se transforma vite en euphorie.
Lorsque la lumière se ralluma, j'avais l'impression d'être une autre Cathy. Le vilain canard était resté à la maison. Je regardais agir la nouvelle Cathy comme si je ne la connaissais pas... Cette Cathy-là sortait du cinéma avec un garçon du lycée... Elle lançait des phrases désinvoltes à ses amis... Avec eux, la nouvelle Cathy allait dîner chez Jack's, le rendez-vous des jeunes branchés !
Malgré le vilain canard qui se manifesta encore par une brusque bouffée de trac, je pénétrai dans le restaurant d'un pas assuré à la suite d'Anthony.
L'immense salle était pleine. Tous les jeunes de Northdale s'y agglutinaient. Quel vacarme ! J'aurais préféré mourir sur le coup qu'entrer seule dans un lieu pareil. Mais je n'étais pas seule ! Nous cherchâmes des places dans le bruit et la fumée. Tandis que nous nous faufilions au milieu de la foule, j'eus l'impression que tout le monde dardait les yeux sur nous. Quand nous trouvâmes enfin une table, je fus soulagée.
Anthony s'assit à côté de moi et, fugacement, il me prit la main. L'espace d'un instant, je

ne vis plus Lisa et Franck, assis en face de nous. Le souffle coupé, je ne savais plus si j'avais froid ou chaud. Ma tête tournait un peu !

Pendant le dîner, tout me parut agréable : les spaghettis à la bolognaise étaient les meilleurs du monde, la discussion au sujet du film intéressante, Lisa et Franck attentionnés, Anthony le plus adorable des…

Une voix rauque – une voix de fille – me fit dégringoler de mon nuage :

– Tiens ! Qu'est-ce que tu fais là ?

Je levai les yeux sur une fille brune à l'allure provocante. Plantée devant Anthony, elle me jeta un coup d'œil hostile.

– Salut ! lui répondit Anthony, mal à l'aise. Comment vas-tu, Gaëlle ?

Lisa et Franck paraissaient plutôt gênés, eux aussi.

Éperdue, je compris que cette pimbêche était l'ex-petite amie d'Anthony. Je ne l'avais jamais vue, même si j'avais entendu parler d'elle. J'eus soudain envie de m'enfuir à toutes jambes.

– Alors, quoi de neuf, mon Tonio ? reprit-elle.

« Mon Tonio » ! C'était d'un ridicule ! Et elle

osait l'appeler « mon Tonio » alors qu'il était avec moi ! Elle ne manquait pas d'air ! En une seconde, mon début de colère se mua en désespoir : Gaëlle se penchait pour embrasser Anthony. Sa bouche s'attarda sur son front... « Oh ! Si la terre pouvait m'engloutir... Si je pouvais disparaître ! » pensai-je en baissant la tête. Je ne voulais plus voir ça. Anthony se laissait embrasser. Sans enthousiasme, d'accord, mais il se laissait embrasser ! Après tout, même s'il m'avait invitée, il était peut-être encore amoureux d'elle... Avec moi, il se contentait sans doute de tuer le temps. Plutôt aller au cinéma avec Cathy Halley que de passer la soirée devant la télévision ! Une fois encore, mon imagination s'enflammait.

– Dis donc, Anthony, qui est-ce ?

Le ton méprisant de Gaëlle me fit l'effet d'une décharge électrique. Je relevai la tête. Toujours embarrassé, Anthony fit les présentations. Elle m'adressa un sourire de requin. Je me sentais de plus en plus mal. Gaëlle gâchait ma soirée.

Il y eut un silence pesant... qu'elle rompit en riant :

– Allez, dis-moi tout, Anthony ! s'écria-t-elle

en me montrant du doigt, tu fais des heures sup de baby-sitting ?

Autour de moi, il y eut un moment de stupeur. J'aurais voulu mourir sur-le-champ. J'avais donc l'air d'une gamine ?

– Va-t'en, Gaëlle ! siffla Anthony avec colère.

– Qu'est-ce qui te prend ? Il n'y a que la vérité qui blesse, tu sais, ajouta-t-elle en pouffant de plus belle.

Il serra les dents :

– Je ne sais pas ce que tu cherches, mais je t'assure que tu vas me trouver !

Une lueur désagréable étincela dans les yeux de Gaëlle, mais elle en resta là : une troupe bruyante encerclait soudain la table. Un des garçons tapa sur l'épaule d'Anthony :

– Qu'est-ce que tu fiches ici, toi ?

– Je dîne avec des amis, comme tu peux le voir, répondit Anthony.

Il m'entoura les épaules :

– Cathy, je te présente mes copains du groupe de théâtre. Voilà Jim Reade, Steve Bates, Susan Werner, Mary Price et Jannie Sanderson.

– Salut, ça va ? répondis-je à mi-voix.

Quelle revanche ! Il m'avait présentée à tout

le monde devant cette peste de Gaëlle ! Profitant du tumulte, celle-ci avait d'ailleurs disparu. Je l'oubliai aussitôt.

Les comédiens s'installèrent avec nous. Ils parlèrent de *Roméo et Juliette*, leur prochain spectacle. Chacun se demanda qui jouerait Roméo. Tout à coup, j'eus l'impression qu'un lien secret m'attachait à Anthony puisque je savais, moi, que ce serait lui ! Fière d'être au courant, j'eus bien du mal à garder ma langue… Mais j'avais promis !

Et la soirée passa. Si j'avais pu arrêter le temps ! Hélas, minuit allait bientôt sonner. Anthony me ramena à la maison. Nous sortîmes en silence de la voiture et il me raccompagna jusqu'à la porte.

Je savourais ces instants comme un bonbon délicieux. J'étais certaine maintenant qu'Anthony était sincère avec moi. Toutes mes craintes avaient disparu. Nous étions tellement bien, ensemble ! Il me tenait par la main et la douceur de ses doigts me faisait frissonner. Une fois à la porte, je lâchai sa main avec regret pour chercher ma clé :

– Bonsoir…, commençai-je. C'était…

Comment lui dire que cette soirée avait été formidable ?

– C'était… euh… très bien… merci…, poursuivis-je.
Voilà que je redevenais la fille gauche de toujours !
– Non. Merci à toi, Cathy, murmura-t-il.
J'osai alors le regarder en face. Il me souriait et je me mis à trembler à l'idée qu'il allait peut-être m'embrasser. J'en fus soudain prise de panique. Mais Anthony saisit mes mains dans les siennes et me posa sur le nez un baiser plume. Pas plus.
– C'était super, dit-il tout bas. Quoique un peu agité… Je suis désolé que Gaëlle ait été aussi odieuse ! La prochaine fois, on ira ailleurs, toi et moi.
J'acquiesçai d'un signe de tête. J'avais la gorge trop serrée pour articuler un seul mot.
Il s'en alla et je montai jusqu'à ma chambre dans un état second. Sans allumer la lumière, je regardai la nuit criblée d'étoiles.
Longtemps.

Chapitre 7

L'affreux dimanche !

Je traînais lamentablement. Depuis qu'Anthony m'avait laissée devant chez moi, j'étais un peu perdue… Je savais pertinemment qu'on ne se reverrait pas avant demain, au lycée, mais je l'attendais néanmoins ! « Avec un peu de chance, il risque de venir… ou de m'appeler », me disais-je.

Soudain, je pensai à Helen, à ses sempiternelles histoires d'amour, et j'eus un sursaut d'orgueil. « Non ! Je ne vais quand même pas passer la journée à geindre en attendant qu'Anthony daigne m'appeler ! »

Je pris mon carnet de dessins, mon encre de Chine, et tentai de reproduire le paysage que je voyais de ma fenêtre. Sur ma feuille, les ombres des arbres grandissaient jusqu'à devenir une forêt inquiétante, aussi troublée que moi.

« Même quand je peins, il faut que je transforme la réalité », constatai-je, dépitée.

Driiing ! La sonnerie me coupa le souffle. Le cœur battant à cent à l'heure, je décrochai. Profond et grave, le « allô » de rigueur retentit au bout du fil.

– Je voudrais parler à Christine, demanda-t-on.

Je soupirai. Ce n'était pas Anthony. « Ni Terry, d'ailleurs… », pensai-je en appelant ma sœur à tue-tête.

Pendant qu'elle lui chuchotait des phrases inaudibles, j'errais dans la maison comme une âme en peine. J'avais un mal fou à me concentrer à nouveau sur mon dessin.

« Appelle, Anthony, appelle… »

J'en aurais pleuré. Il n'appelait pas. C'était fichu. « Ta soirée n'a été qu'un rêve, une illusion… », me disait une petite voix.

Driiing ! Driing ! Driiing ! Je dévalai l'escalier et couru à la cuisine.
– Allô ?
– Dis donc, Cathy…
Helen ! Je l'aurais tuée !
– Qu'y a-t-il encore ? aboyai-je.
C'était son troisième appel depuis ce matin !
– Toujours le problème d'algèbre ! C'est du chinois, je te jure !
– Eh bien, prends un billet d'avion pour Pékin et va étudier la question sur place ! glapis-je. Ça t'évitera de bloquer MA ligne !
– Quelle ligne ?
Je levai les yeux au ciel :
– Celle du téléphone, idiote !
Silence surpris. Puis Helen chuchota :
– Je comprends. Tu attends qu'il t'appelle.
– Exactement.
– Ce ne serait pas plus simple de lui téléphoner ? s'informa-t-elle aussitôt.
Bonne question. J'y répondis en piquant un fard :
– Je n'ose pas.
– Tu as tort. Au fait…
Elle se mit à parler tout bas, comme si on était sur écoute :
– … Alex – tu sais, l'apprenti du quincaillier –

m'a invitée. On se voit vendredi prochain.
– Super ! m'écriai-je avec un enthousiasme forcé.
Par amitié, je supportai la tirade d'Helen qui me raconta en long, en large et en travers son début de romance avec Alex. En raccrochant, j'étais épuisée.
Qu'allais-je faire maintenant ? Je n'avais plus envie de dessiner. « Et si je lisais la pièce de *Roméo et Juliette* ? » me dis-je. Cela m'occuperait. Ce serait un sujet de conversation tout trouvé pour notre prochaine rencontre… et une façon de dire à Anthony que je pensais à lui.
Je me précipitai dans le salon, fouillai les rayonnages de la bibliothèque et me pelotonnai sur le divan. Mais, au fur à mesure que je tournais les pages, mon moral plongeait en piqué. Au lieu de me bouleverser, tant de passion m'épouvantait. Si Anthony incarnait Roméo, il aurait forcément une Juliette ! Il devrait la prendre dans ses bras, l'embrasser, feindre l'amour… Feindre ? Quelquefois, à force de faire semblant, on finit par y croire ! S'il tombait amoureux d'elle pour de bon ?
L'irruption de Christine mit un terme à mes

ruminations muettes. Elle s'affala dans un fauteuil :
– Alors, c'était bien, ta soirée ?
– Pas mal.
Elle ouvrit de grands yeux :
– C'est tout ?
– Oui. Rien à signaler, poursuivis-je avec désinvolture. On a vu un film et on est allés chez Jack's. Voilà.
– Vous étiez juste tous les deux ? insista-t-elle.
– Non. Avec des amis, répondis-je brièvement.
Je n'avais aucune envie de lui faire des confidences. Depuis longtemps déjà ma sœur gardait sa vie privée pour elle. Pourquoi lui révéler la mienne ? Il n'y avait aucune raison !
– Qui c'était, les autres ? reprit-elle.
– Ça m'étonnerait que tu les connaisses.
– Dis toujours !
– Franck Mason et Lisa White, marmonnai-je à regret.
– Bien sûr que je les connais ! s'écria-t-elle. Ce sont même des amis ! Ils font partie du groupe de théâtre !
– Et après ? Ça ne veut pas dire que vous êtes amis !

Elle me jeta un regard moqueur :
– Certaines personnes savent se faire des amis, espèce de cloche !
– Ne m'appelle pas espèce de…
– Je suis très amie avec Anthony aussi, figure-toi ! me coupa-t-elle.
Sa phrase fut comme une gifle. Tout à coup, mes oreilles se mirent à bourdonner.
– Anthony n'est pas ton ami ! dis-je d'une voix blanche. C'est le mien.
Christine leva les yeux au ciel :
– Je le connais depuis des siècles. Toi, depuis hier soir seulement ! ajouta-t-elle, perfide.
– Ça ne veut rien dire !
J'avais envie de la gifler.
– Mieux vaut la qualité que la quantité ! hurlai-je.
– Hé ! hurla-t-elle encore plus fort. Tu ne vas pas la ramener parce qu'un garçon t'a enfin invitée à sortir ! Réveille-toi, Cathy ! Anthony n'est pas ta propriété privée !
– La tienne encore moins ! glapis-je.
Je crispai les poing… La voix de mon père me fit sursauter :
– Ça suffit, les filles ! tonna-t-il du bureau. Ce n'est pas l'heure du match de boxe !

Il avait raison. Dire que j'avais oublié mes bonnes résolutions ! Conciliante, gentille, moi ? Dès que Christine avait parlé d'Anthony, j'avais vu rouge !

À cet instant, maman entra dans la pièce, afin de calmer l'orage.

– Si vous montiez au grenier, mes chéries ? proposa-t-elle. Il est temps de sortir les affaires d'hiver.

C'était une façon comme une autre de nous occuper, et cela valait mieux que se crêper le chignon !

– Bonne idée, acquiesça mollement Christine en se levant.

Tout à coup, elle paraissait très lointaine. Pourquoi ? J'aurais aimé le savoir ; mais si je lui avais posé la question, elle m'aurait sans doute dit de m'occuper de ce qui me regardait. Impossible d'avoir une discussion avec elle, elle me prenait toujours pour un bébé, comme maman.

Une fois là-haut, j'oubliai les sautes d'humeur de ma sœur pour fourrager dans les affaires empilées depuis le printemps dernier... ou bien avant !

J'adore notre grenier, sa pénombre poussiéreuse, son odeur de naphtaline et tous les vieux objets oubliés qu'on y retrouve : poupées endormies, cahiers refermés depuis le cours élémentaire, vieilles lettres ou cartes postales racornies, rangées dans des boîtes. Je m'y installe souvent pour y dessiner : j'y trouve toujours l'inspiration pour une scène ou un décor.

– Tu as vu ça ?

À cette question de Christine, je levai la tête. S'emparant d'un vieux châle de laine noire, elle s'en drapa avec des gestes affectés.

– On n'a pas le droit d'y toucher ! m'écriai-je. Il appartenait à Grand-Mère !

Elle me lança un coup d'œil ironique et, se précipitant à la porte, elle appela maman.

– Dis, tu me prêtes le châle de Grand-Mère ? demanda-t-elle à tue-tête. Ça sera génial pour jouer Juliette !

Je répétai sans comprendre :

– Ju… Juliette ?

– Oui. L'héroïne de Shakespeare. Tu connais ?

Christine se planta sous la lucarne :

– « Roméo, Roméo, déclama-t-elle. Est-ce toi, mon Roméo ? »

Roméo…, ou plutôt Anthony !

Quelque chose de glacé coula dans mes veines. « Ce n'est pas possible, pensai-je. Pas

possible qu'elle joue Juliette. Non, pas elle ! »
Atterrée, je la regardais virevolter dans le grenier.
– Ce châle est idéal pour notre pièce de théâtre, continua-t-elle, enthousiaste.
Elle s'arrêta devant moi et me fixa droit dans les yeux :
– Anthony t'en a parlé ?
– Vaguement. Il m'a surtout dit que Juliette n'était pas encore choisie, ajoutai-je, la gorge sèche.
Une vague de colère me submergea soudain.
– Et je me demande pourquoi tu imagines que ce sera toi ! criai-je.
Elle me toisa, l'air supérieur :
– Parce que ce sera moi ! Je le sais. J'ai tout pour jouer Juliette !
– Avec la modestie en prime !
– Un acteur n'est jamais modeste, ou ce n'est pas un acteur, répliqua-t-elle. Quand on fait ce métier, on doit savoir ce qu'on vaut. Je serai une excellente Juliette… parce que je suis une comédienne formidable !
Je la foudroyai du regard :
– Dommage que tu ne sois pas aussi une sœur formidable !
Elle pâlit :

– Tu peux parler, Cathy !

Et, faisant une boule du châle, elle me l'expédia en pleine figure. Dans le brusque silence qui suivit, on entendit une porte se fermer.

Maman… Si elle nous trouvait ainsi, tels des roquets se disputant un os, quelle honte ! D'un seul mouvement, nous nous remîmes à trier nos affaires.

Nous ne desserrâmes plus les dents de l'après-midi, mais je m'en fichais ! J'avais enfin dit ce que j'avais sur le cœur.

Chapitre 8

Depuis une semaine, je n'avais pas le moral. Anthony avait disparu. J'avais fait le guet chaque jour dans le hall du lycée, pour essayer de le rencontrer. Mais en vain. On était vendredi et, en entrant dans l'amphithéâtre pour l'étude, je compris qu'aujourd'hui aussi c'était fichu. Il n'était pas là.
J'allai m'asseoir à la table habituelle. J'ouvris mon livre pour réviser mon contrôle. C'était de la géologie, mais j'aurais pu aussi bien étudier l'annuaire téléphonique : je ne

comprenais rien à rien. Des mots sans queue ni tête défilaient sous mes yeux : « Dérive des continents… Calotte glaciaire… Éruption volcanique… Zone de failles… »
Je fermai brusquement le manuel. Le vaste monde s'était formé pendant des milliards d'années, soit, j'étais bien contente de l'apprendre ; mais mon petit monde à moi se défaisait de toutes parts, pour deux raisons. Primo, Anthony me fuyait ; secundo, Christine allait vraiment jouer Juliette. La nouvelle était désormais officielle.
J'avais beau essayer de « relativiser », la certitude que, l'autre soir, je m'étais comportée comme une idiote m'envahissait. J'avais forcément dit quelque chose qu'il aurait mieux valu ne pas dire… Ou je n'avais pas dit ce qu'il aurait mieux valu dire… Ou alors, j'avais fait une gaffe… Dans tous les cas de figure, je n'avais pas fait ce qu'il fallait.
Je ruminai ces tristes pensées jusqu'à la fin de l'heure d'étude. Quand la sonnerie retentit, je ramassai mes affaires. Je me frayai un passage dans le corridor bondé, en direction de la salle de géologie.
– Hé, Cathy ! appelèrent deux voix pointues.
Je me retournai : Carole Astor et Nathalie

Colby ! Je ne les avais même pas remarquées.
– Salut ! répondis-je sans m'arrêter.
– Hé, ne cours pas si vite ! piailla Carole.
– J'ai un contrôle dans deux minutes et…
Nathalie m'attrapa par le bras :
– Tu as bien trente secondes pour les copines, non ?
Copines ? C'était vite dit ! Je me méfie de ces pipelettes ! Avec elles, c'est « radio venin » vingt-quatre heures sur vingt-quatre ! Je leur adressai un sourire crispé :
– Qu'est-ce qu'il y a ?
Carole me jeta un regard inquisiteur :
– On se demandait juste si on te verrait chez Jack's, ce soir.
– Pas que je sache.
Ma voix était mal assurée. Je m'en voulus. J'aurais dû les toiser, ces idiotes ! Mais non, j'étais là, tel un agneau tremblant… Pauvre gourde !
Nathalie m'adressa un sourire fielleux :
– Comme tu avais l'air de t'y plaire et d'y prendre tes habitudes, on s'est dit…
Je n'entendis pas la suite. Mon cœur battait à coups assourdissants. Elles m'avaient vue, samedi soir. Tout le monde m'avait vue ! Et tout le monde avait compris qu'Anthony

m'avait laissée tomber, après une seule et unique soirée ! Quelle honte !
– Des « habitudes » ? Je préfère les surprises, moi ! réussis-je à marmonner.
– Alors, tu dois être contente…
Un sourire retroussa les lèvres fines de Carole :
– Anthony qui joue Roméo avec ta sœur, c'en est une bonne… de surprise, non ?
Quelles garces, ces deux-là ! Elles me provoquaient avec un plaisir évident !
À cet instant, une sonnerie stridente traversa le corridor. La fin de l'interclasse… et de mon supplice ! J'échappai à mes « copines » pour me précipiter en cours. Mon contrôle de géologie promettait d'être brillant !
Je m'effondrai sur ma chaise. Ces deux langues de vipère m'avaient définitivement sapé le moral. Il ne m'en fallait pas beaucoup, je le savais, mais là, elles y étaient allées un peu fort !
Le pas de M. Sommer, le professeur de géologie, qui parcourait les travées en distribuant les sujets, me fit tressaillir. Il s'approchait de moi. Chacun de ses pas ébranlait le sol. Assourdissant, ce bruit me remplit la tête, la fit vibrer… Et tout devint noir.

Je me réveillai à l'infirmerie, couchée sur un lit aussi moelleux qu'un morceau de nuage. J'avais l'impression de m'arracher aux brumes d'un rêve très agréable. Une silhouette blanche était penchée sur moi.
– Vous vous êtes évanouie, m'annonça-t-elle. Crise d'hypoglycémie, probablement. Avez-vous bien déjeuné ? Ou vous avez peut-être attrapé la grippe ?
Je reconnus la voix de Mme Dean, l'infirmière. Tout reprit des contours plus précis. Je la regardai avec stupeur :
– Non, je ne crois pas, articulai-je avec effort, la bouche encore sèche.
Puis je poussai un cri :
– Le contrôle de géologie !
– Ne vous en faites pas…
Elle posa une main fraîche sur mon front :
– … vous en êtes dispensée. Vous avez de la fièvre. Prenez ça, c'est de l'aspirine, et rentrez chez vous.
De la fièvre ? Voilà pourquoi tout avait l'air d'un songe : mon imagination s'était enflammée encore plus que d'habitude. Il fallait vraiment que je fasse attention : je pensais sans cesse à Anthony, ne m'intéressais plus à rien et exagérais tout. C'en devenait

ridicule. En plus, je risquais de tout gâcher en laissant courir ainsi mes pensées. Franchement, ça m'allait bien de critiquer Helen : j'étais pire qu'elle. Il fallait réagir !
De retour chez moi, je me couchai. Alors que, d'habitude, je les regardais sans les voir, je jetai un regard songeur à mes dessins, punaisés au mur. C'était un monde minuscule, bien à moi ; si réconfortant qu'il me donna une petite idée…
Je m'endormis, apaisée.

Le lendemain, samedi, j'étais rétablie. Vers midi, je téléphonai à Helen et lui proposai d'aller grignoter un morceau quelque part. J'avais besoin de m'occuper l'esprit et, surtout, de parler à quelqu'un.
– Catastrophe ! s'écria-t-elle. Je suis coincée. Je dois accompagner maman au supermarché. Elle va faire le plein. Il faut que je lui donne un coup de main. Quand on est six à la maison, il y en a des sacs à trimballer !
Elle jacassait comme une pie de tout et de n'importe quoi. Mais je ne l'écoutais plus : la voix de maman résonnait dans la cuisine.
Elle parlait à Christine :

– Je ne t'ai pas entendue, hier soir. À quelle heure es-tu rentrée ?
– Vers minuit.
Le ton réticent de ma sœur m'alerta. J'oubliai l'inlassable caquet d'Helen et dressai l'oreille.
– Terry t'a téléphoné vers 23 heures, poursuivait maman, ça m'a étonnée. Tu n'étais pas avec lui ?
– Si. Seulement, il s'est senti fatigué et il est parti. Je suis restée chez Jack's avec Frantz et Éric.
Je savais qu'elle n'était ni avec l'un ni avec l'autre, mais en compagnie du mystérieux remplaçant de Terry. Je dis entre mes dents :
– Espèce de menteuse...
Le cri de paon poussé par Helen me vrilla le tympan :
– Menteuse, moi ? Tu dérailles complètement, ma pauvre Cathy ! Tchao !
Elle me raccrocha au nez. Je ne la rappelai pas. Il y avait plus important : l'enquête de maman ! Allait-elle déboucher sur l'inconnu de l'autre nuit ? J'étais très intriguée. Ma sœur, qui devait se sentir en faute, répondait d'une voix crispée. Elle s'en tirait bien cependant.

– Tout s'explique ! dit gaiement maman. Je t'avoue que, lorsque tu es revenue, je t'ai vaguement entendue, mais j'étais trop endormie pour me lever.
Christine quitta le champ de bataille. Elle avait frôlé le drame ! Drôle de sœur... Qu'est-ce qui se passait avec Terry ? Mais je n'avais pas envie de m'appesantir sur ses histoires. J'étais à nouveau une boule de nerfs. Avec ou sans Helen, il fallait que je fasse un tour pour me détendre !
– Je sors, lançai-je à la cantonade en enfilant mon manteau.
– Dans ce cas, rapporte du pain, demanda maman.
Souriante, elle apparut sur le seuil de la cuisine, les mains blanches de farine :
– Christine ne peut pas s'en charger à cause de sa répétition, m'expliqua-t-elle.
Mon cœur rata un battement. Je répétai d'un ton niais :
– Ah ? Elle a... une répétition ?
– Voyons, mon chou, tu sais bien qu'elle va jouer Shakespeare...
Je lui jetai un regard fulgurant :
– Je n'en ai rien à faire, de Shakespeare, moi !
Et je sortis en claquant la porte.

Comme d'habitude, le centre commercial était noir de monde. Mais, perdue parmi ces inconnus qui se pressaient devant les vitrines, je me sentais bien. Dans cette foule bouillonnante, personne ne pouvait deviner ce que j'éprouvais. Soudain, je vis devant moi une haute silhouette aux cheveux bruns.
– Cathy ! fit une voix que je reconnaissais trop bien.
Était-ce possible ? Mon imagination me jouait-elle un tour ou… ?
Anthony !
C'était bien lui ! Le souffle soudain coupé, je ne trouvai rien à dire.
– Qu'est-ce que tu fais là ? s'écria-t-il. Tu as déjà déjeuné ?
Sans attendre ma réponse, il continua :
– Je meurs de faim ! Et je n'ai qu'une demi-heure. Tu viens avec moi ? On va prendre un sandwich.
– Oui, oui…, dis-je d'une voix mal assurée, prise de court par les événements.
Il m'attrapa par la main et m'entraîna vers la cafétéria du coin, en murmurant :
– Je voulais t'appeler, mais…
– Oh, c'est bon…, l'arrêtai-je, faussement décontractée.

Nous entrâmes dans la cafétéria et nous installâmes à une table.

– Tu sais, Cathy, j'ai une vie de dingue, poursuivit-il à peine assis. Entre les répétitions, les études et le boulot…

– Le boulot ?

– Oui, mon père est attaché commercial, ici, à Mayfield. Je lui donne un coup de main. Ça me fait de l'argent de poche.

Je hochai la tête. Les choses commençaient à s'éclairer un peu. Et soudain, j'eus faim. Dans nos verres de Coca, les glaçons faisaient un joli bruit cristallin. J'étais bien ! Même si notre rencontre n'était que de courte durée, j'allais en profiter jusqu'à la dernière seconde !

– Je te dis la vérité, tu sais, reprit-il.

– Mais je te crois, Anthony !

– Je suis complètement débordé. Du dimanche au vendredi soir, j'ai à peine le temps de respirer.

J'avalai une petite gorgée de Coca, puis chuchotai :

– Et le samedi ?

Il battit des cils, et détourna la tête :

– Le samedi…

L'estomac noué, j'attendis la suite.

– Le samedi, je m'occupe de ma petite sœur, murmura-t-il. Parce qu'elle souffre d'asthme, Tim – mon frère aîné – et moi, on la couve un peu ! Je suis son prof particulier !
Il y eut un silence. Je regardais fixement le fond de mon verre :
– Excuse-moi, Anthony !
– Non. C'est moi qui te demande de m'excuser, insista-t-il. Je fais trop de choses. Mais que veux-tu, j'aime le théâtre et j'aime mes études, j'aime travailler pour gagner de l'argent et être indépendant, j'aime ma sœur et j'aime…
Il s'interrompit. Une petite tache rouge apparut sur ses joues. Gêne ou timidité ?
– En résumé : je n'ai pas le temps de tout faire ! D'ailleurs, il faut que j'y aille ! dit-il précipitamment après avoir jeté un coup d'œil sur sa montre. Tu m'accompagnes jusqu'au magasin où je travaille ?
– Bien sûr.
Arrivé à destination, il se tourna vers moi pour me dire au revoir. Je compris à son regard très doux qu'il allait m'embrasser. Je n'eus pas le temps d'avoir peur. Pas le temps de me sentir bête ou de me demander quoi que ce soit.

Il m'embrassa tout simplement..., tendrement. Puis il partit en courant.
– Je suis en retard, Cathy, me cria-t-il. À bientôt !
– À bientôt...
Je restai clouée sur place. Mon cœur battait si fort qu'il semblait marteler : Anthony m'a embrassée... embrassée... embrassée.
Je m'en allai droit devant moi. J'avais envie de danser, d'offrir des cadeaux à tout le monde. J'entrai à la carterie et achetai de petites reproductions de peintures aux couleurs vives.
En sortant, j'aperçus une annonce placardée entre deux magasins : « Cours de dessin et de peinture pour débutants ou confirmés ». Cela allait dans le sens de ma « petite idée »... J'appris l'adresse par cœur, en me jurant de m'y rendre... dès lundi. Emportée par une véritable euphorie, je repris mon bus en oubliant complètement d'acheter le pain !

Chapitre 9

– Oh ! Merci, ma chérie ! s'écria maman en découvrant la reproduction dans son assiette. Elle me sourit :

– C'est très gentil de ta part. Et... en quel honneur ?

– Comme ça. Pour rien.

Je n'osais pas regarder papa qui regardait la sienne. Je me sentais un peu sotte, tout à coup, puérile. Mon exaltation était retombée, depuis tout à l'heure.

– Cathy..., commença mon père, enchanté.

Ça me rappelle les jolis dessins que tu nous offrais quand tu étais petite, après avoir eu une bonne note à l'école !
Il y avait de ça ! J'en aurais presque rougi.
Mais je rougis tout à fait à la réflexion de ma sœur :
– Quel déluge de bons sentiments ! ironisa-t-elle en posant sa reproduction sur la table.
Décidément, elle ne pouvait pas s'empêcher d'être désagréable.
Maman la reprit sèchement :
– Christine ! Cathy a voulu te faire plaisir.
– C'est un geste très affectueux, insista papa.
Vaincue, ma sœur se plongea dans la brochure théâtrale posée près de son assiette, pour réviser son rôle. Nous dînions en silence, quand un coup de klaxon nous fit tous sursauter. Christine se leva d'un bond :
– Mes copains du théâtre ! On va répéter, lança-t-elle à la cantonade. Tchao !
Elle disparut dans un envol de cheveux blonds.
Quelques secondes plus tard, j'entendis une portière claquer, une voiture démarrer. Anthony m'avait embrassée, mais c'était Christine qu'il embrasserait sur scène d'ici peu, et peut-être de la même façon !
Tout à coup, j'en eus presque la nausée.

– Ça ne va pas, chérie ? s'inquiéta maman en débarrassant la table.
Elle m'effleura la joue :
– Oublie ce que t'a dit Christine.
Je haussai les épaules :
– Je me fiche de ce qu'elle m'a dit !
« Mais pas de ce qu'elle fait… », aurais-je voulu ajouter.
– En tout cas, nous voilà un peu tranquilles pour parler tous les trois, dit papa.
D'une voix un peu embarrassée, il continua :
– Il est temps que tu t'affirmes face à ta sœur, Cathy – d'ailleurs, je la prendrai demain « entre quatre yeux » pour lui dire ce que je pense de son attitude.
Il me tapota la joue :
– Elle t'impressionne par ses succès, mais pense plutôt aux tiens !
Je lui jetai un coup d'œil incertain. Où voulait-il en venir ? Je n'étais pas d'humeur à écouter un sermon. Et pourtant, la suite me surprit :
– Christine sait se mettre en valeur, mais ce n'est pas une raison pour t'imaginer qu'elle est mieux que toi. Tu as de grandes capacités, Cathy. Le tout est de les exploiter et de trouver ta voie.

– J’ai ma « petite idée » là-dessus, lançai-je, encouragée par ce discours. J’aimerais me lancer à fond dans le dessin.
– Mais c’est une idée de génie, chérie ! s’écria maman.
Papa sourit :
– Et compte sur nous pour la financer, bien sûr ! Ce sera notre « vrai » cadeau pour tes seize ans !
Une onde de joie me dilata la poitrine : mes parents me comprenaient. Ils voulaient vraiment m’aider à aller de l’avant. Je laissai alors échapper cet aveu qui me préoccupait depuis longtemps :
– Vous savez, j’ai parfois l’impression que Christine prend beaucoup de place, ici.
– Oui, répondit maman. Mais c’est dans son caractère. Cela ne signifie pas que nous l’aimons plus que toi. Vous êtes différentes, c’est tout.
Ce moment d’intimité avec mes parents me faisait un bien fou ! Je me sentais aimée, soutenue, et cela me réchauffait le cœur.
Soudain, la sonnerie du téléphone retentit dans le bureau. Une sourde appréhension m’envahit. Je laissai maman décrocher. Elle me tendit aussitôt l’appareil :

– Pour toi, Cathy.
Si c'était… ?
– Allô ? murmurai-je sans oser regarder ma mère.
C'était lui !
– Bonsoir, Anthony.
J'eus l'impression de rougir de la racine des cheveux jusqu'au bout des orteils. Dire que mes parents écoutaient ! Comment être à l'aise dans des conditions pareilles ? Je leur tournai le dos et baissai ma tête pour cacher mon visage. Mais, aussi gênante qu'une main posée sur moi, je sentais tout de même leur curiosité.
– J'ai juste trente secondes, Cathy, dit précipitamment Anthony. On est en pleine répétition. Il faut que j'y retourne. Voilà : est-ce qu'on peut se voir mardi après les cours ? J'ai une heure de libre. On se retrouverait devant chez Jack's. Tu es d'accord ?
– Super ! répondis-je.
Ce n'était pas le moment de faire la fine bouche ! Une joie tumultueuse me submergea soudain :
– À mardi, alors !
– Génial ! Bon, Christine veut te parler, je te la passe, conclut-il.

– Chri… Christine ? bégayai-je.
Il fallait toujours qu'elle soit dans mes pattes, celle-là !
– Qu'est-ce que tu fais avec Anthony ? demandai-je abruptement à ma sœur.
– Je répète…
– Vous êtes au lycée ?
Elle se mit à rire :
– Enfin, Cathy, le lycée est fermé à cette heure-ci ! On est chez lui. Il y a la place pour travailler.
Je faillis hurler. Il aurait pu m'inviter ! Christine interrompit mes pensées :
– Dis aux parents qu'on va travailler un peu tard et je ne rentrerai pas avant minuit. D'accord ?
Je grommelai une réponse inaudible, mais elle s'en contenta.
– Bonne nuit et à mardi, de la part d'Anthony ! ajouta-t-elle.
« Dommage qu'il ait besoin des services d'une interprète ! » pensai-je en raccrochant.
– Ça va ? interrogea maman.
– Oui, c'était Christine qui rentre tard… et Anthony… qui m'invite mardi chez Jack's… après le lycée, balbutiai-je.
Voilà ! C'était sorti !

– Mardi, tu n'y penses pas, Cathy, me répondit fermement mon père. Tu ne vas pas commencer à sortir dans la semaine et à papillonner comme ta sœur.

Papillonner, moi ? Le terme n'était pas franchement approprié !

– Il ne s'agit pas de ça, plaidai-je à mi-voix.

Maman voulut arranger les choses :

– Sors les week-ends, chérie.

– La question n'est pas là !

Ma voix tremblait. Ils ne comprenaient pas. Si je ne voyais pas Anthony, mardi – ou quand il le pouvait – quand le verrais-je ? Lui n'avait pas le choix, et donc moi non plus !

J'éclatai en sanglots et, faisant brusquement volte-face, je partis en courant. Je grimpai l'escalier quatre à quatre pour me réfugier dans ma chambre. Je m'abattis, la tête la première, parmi mes oreillers. Je suffoquais de larmes. Une fois de plus, ils me traitaient comme une enfant et ne comprenaient rien à rien. Tout le monde se liguait contre moi.

On frappa à ma porte.

– Chérie, je peux entrer ? demanda maman.

Je bramai : « Ouiiii » en plongeant le nez dans un mouchoir. Elle s'assit près de moi. Je ne pus me retenir et me jetai dans ses bras en hoquetant. Entre deux reniflements, je lui racontai mon histoire. Enfin… presque tout ! Mon roman terminé, elle rejoignit papa. Ils durent discuter ferme ! Quand – nez rouge et yeux bouffis – je redescendis dire bonsoir, mon père m'annonça que j'avais la permission de sortir une fois dans la semaine, à condition de rentrer avant 23 heures.

– Oh ! Papa ! Tu es adorable ! m'écriai-je en me jetant à son cou.

« Un de mes derniers gestes de petite fille », me dis-je.

Maintenant, c'était dans les bras d'Anthony que j'avais envie de me jeter…

Chapitre 10

Lundi après les cours, j'allai à l'école de dessin, comme je me l'étais promis. Lorsque je poussai la porte, une jeune femme chaleureuse m'accueillit.

– Bonjour ! me dit-elle. Je m'appelle Linda. Je suis professeur ici. Je peux vous renseigner ?

– Oui. Je dessine depuis longtemps, mais j'ai l'impression que je n'avance plus, expliquai-je. Maintenant, j'ai besoin de leçons pour progresser.

L'assurance avec laquelle je parlais me surprit. Quels progrès ! Quelques semaines plus tôt, j'aurais été incapable de franchir le seuil de cette école. Je craignais trop de montrer mes gribouillages à des inconnus. Mais, maintenant, je bouillonnais d'impatience à l'idée de me lancer dans cette aventure !
– Vous tombez à pic, répondit Linda. Un atelier est en cours : vous jugerez par vous-même. Si vous avez le temps aujourd'hui, vous pouvez faire un essai. Vous verrez si l'école vous convient.
Tout en m'expliquant son fonctionnement, Linda me guida jusqu'à une salle pleine d'élèves de tous âges, occupés à reproduire des objets posés devant eux. Encombré de matériel – tables, chevalets, plâtres, crayons, tubes, pinceaux –, parfumé par une odeur de térébenthine et de peinture, cet endroit me parut magique. Linda m'interrogea à mi-voix :
– Quelle technique utilisez-vous ?
– Le pastel, la gouache, ou l'encre de Chine…
– C'est déjà bien ! Avez-vous apporté des dessins ? Avant de vous installer avec les autres, j'aimerais voir ce que vous faites pour évaluer votre niveau.

J'ouvris une chemise dans laquelle j'avais rassemblé quelques gouaches. Linda eut l'air très intéressé. Puis elle m'indiqua une table, me confia des feuilles et un crayon à pointe grasse.
– Vous allez dessiner ce vase. Je sais, c'est un exercice ennuyeux… mais un bon test !
Je m'assis, un peu troublée – aurait-elle une bonne opinion de moi ? Je commençai néanmoins à travailler et oubliai tout le reste.
Une fille – plus ou moins de mon âge –, qui dessinait à côté de moi, chuchota :
– Si tu veux donner plus de relief, observe bien le reflet sur le renflement du vase. Regarde.
D'un geste sûr, elle grisa son propre dessin, en laissant quelques parties blanches. Je l'imitai de mon mieux.
– Oui, comme ça. Tu te débrouilles bien ! Je peux voir tes dessins ? hasarda-t-elle.
Oubliant ma timidité, je les lui montrai.
– Dis donc ! Tu n'as pas besoin de modèle, toi, pour trouver tes sujets ! s'étonna-t-elle. Où vas-tu chercher tout ça ?
– Oh ! Je pars d'un petit détail, et puis je brode, expliquai-je.
Puis, penchées sur nos dessins respectifs,

nous travaillâmes d'arrache-pied. De temps en temps nous échangions un sourire, déjà complices…

J'avais l'impression d'avoir vu cette fille quelque part. Mais où ? Au centre commercial, sans doute…

Quand je montrai à Linda le dessin du vase, elle m'encouragea vivement.

– C'est bien. Vous n'observez peut-être encore pas assez les objets, mais on sent que vous avez de la pratique. Revenez me voir lundi prochain, au cours de niveau trois, si l'école vous convient.

– Génial ! m'exclamai-je, enthousiaste.

Ma voisine me fit un grand sourire.

– Comme ça, on sera ensemble ! Au fait, je m'appelle Jane.

– Et moi, Cathy.

En sortant de l'école, j'étais folle de joie. Finalement, ce n'est pas difficile de prendre des initiatives ! Et je m'étais fait une nouvelle amie…

De retour à la maison, je m'installai sur la grande table du bureau pour reprendre mon dessin. J'y mettais la dernière touche, quand le téléphone sonna. Je décrochai tout de suite.

Mais, en même temps, ma sœur répondit à l'étage.
– C'est toi, Christine ? interrogea une voix grave, au bout du fil.
Anthony ! Lui ! Je l'aurais parié ! Étranglée par l'émotion, je ne pus articuler un mot. J'entendis encore :
– Il fallait que je te parle…
Bouleversée, je raccrochai le plus délicatement possible. Je le regrettai aussitôt ! Idiote que j'étais ! J'aurais dû écouter la conversation ! Tâchant de reprendre mes esprits, je me raisonnai. Il devait téléphoner au sujet de la pièce, bien sûr. Quoique… il aurait pu demander à me parler… Enfin, comme d'habitude pressé, il était excusable. On se voyait demain, après tout. Ces arguments me calmèrent plus ou moins. Je repris mon crayon et dessinai longtemps… Un dernier trait… voilà, j'avais fini !
Assez fière de moi, je sortis du bureau, mon dessin à la main. Je me rendis compte que, là-haut, Christine parlait toujours au téléphone.
C'était un peu fort ! On peut aimer le théâtre, mais il y a des limites ! À pas de loup, je me rendis au pied de l'escalier.

– C’est merveilleux, chuchotait-elle.
Les jambes coupées, je m’agrippai à la rampe.
« Merveilleux ! » Que pouvait-il y avoir de merveilleux ?
Les oreilles bourdonnantes, je saisis quelques bribes de phrases qui se plantaient dans ma poitrine comme des fléchettes. J’avais mal – à cause de Christine, comme d’habitude – tellement mal que j’étais incapable de crier, de pleurer ou de m’indigner.
Que pouvais-je faire ? Il ne me restait plus qu’à attendre et à me morfondre jusqu’au lendemain.

À 15 heures pile, je me trouvais à l’entrée de chez Jack’s, comme prévu. Mais Anthony, lui, n’était pas là !
« Il ne va pas tarder », pensai-je.
À l’idée de le revoir, mon cœur chavirait : plus rien n’était tout à fait pareil, depuis la conversation que j’avais surprise entre ma sœur et lui, hier après-midi.
Pourtant, j’espérais que les choses redeviendraient comme avant ! Il suffisait de si peu : juste une petite explication. Mais me la donnerait-il ?
Je jetai un coup d’œil à l’horloge au-dessus

de la porte : déjà 15 heures 05. Pourvu qu'il arrive !
C'était la sortie du lycée. J'étais gênée qu'on me voie plantée là. Par crainte de reconnaître un élève, je faisais semblant de ne pas remarquer le flot de jeunes qui passait devant moi.
J'avais envie de crier. 15 heures 10 ! Que faisait Anthony ? Une bouffée d'angoisse me prit à la gorge. S'il lui était arrivé quelque chose ? À cet instant, du coin de l'œil, je vis approcher une haute silhouette. Lui... sûrement ! Je regardai exprès du côté opposé. Je ne voulais pas donner l'impression de l'attendre impatiemment ! Mais lorsqu'il arriva à ma hauteur, je ne pus m'empêcher de me tourner vers lui. La bonne surprise !
C'était Terry – le petit ami officiel de Christine. Il était aussi rouge que s'il venait de disputer un match de foot. En fait, il ne me plaisait pas beaucoup. Je m'en rendis compte une fois de plus. Que me voulait-il, ce grand dadais ? Je n'eus pas le temps de lui poser la question ; sans un bonjour, il attaqua :
– Je parie que tu attends Anthony Peters.
Je lui lançai un regard méfiant :
– Comment tu le sais ?

Négligeant ma question, il me prit par l'épaule. Tendue à l'extrême, je restai figée, pressentant ce qui allait suivre :

– On a rompu, dit-il, la voix altérée. Christine m'a jeté.

Ce n'était pas un scoop ! Je ne réagis pas.

– Elle m'a jeté..., répéta-t-il.

– Je suis désolé pour toi, Terry, réussis-je à articuler. Elle ne m'en a pas parlé.

Ses ongles s'enfoncèrent dans ma peau :

– Tiens donc ! Et elle ne t'a pas parlé de son cher Anthony Peters, non plus ?

Sa phrase me fit l'effet d'un coup de poing. La tête pleine d'étoiles, je n'entendais plus rien, je ne voyais plus rien. Mon cauchemar était une réalité : Anthony préférait ma sœur. Ils me mentaient tous les deux ! Sous le coup de la fureur, je me dégageai des griffes de Terry et partis en courant.

Les larmes m'aveuglaient.

Je rentrai à la maison après avoir pleuré tout mon soûl. J'étais plus calme et décidai d'agir posément, en racontant l'histoire à maman. « Cafter ? Non ! M'expliquer ! » argumentai-je. J'en avais assez de me sentir comme un ver de terre piétiné par les uns et les autres.

J'allais « m'affirmer », comme disait papa. Autrement dit, j'allais me faire respecter. Par Anthony et par Christine. Et je déballai tout.
Médusée, ma mère murmura :
– Tu te trompes, chérie. Ta sœur ne peut pas t'avoir chipé Anthony. Impossible.
– N'empêche que c'est le cas !
Je la regardai dans les yeux :
– Et je vais tirer ça au clair, crois-moi !
– Comment ?
– D'abord, je vais parler à Anthony.
Elle secoua la tête :
– Ne fais pas ça, chérie. Quand on essaie de forcer les sentiments des autres, on obtient souvent l'inverse de ce que l'on attend.
– Je ne vais pas me morfondre à attendre son coup de fil. Je vais aller chez lui pour avoir une explication.
– Et tu seras bien avancée !
Je serrai les dents.
– Oui. Très, susurrai-je.
Il y eut un silence. Maman le rompit, disant doucement :
– Fais ce que tu veux, alors.
J'avais envie de pleurer, une fois de plus. Je me retins. Maman me prit la main :
– Cathy, murmura-t-elle, tu as beaucoup

changé depuis l'autre jour. Depuis le matin de tes seize ans ! Je te reconnais à peine…

Je me dégageai :

– Que veux-tu ? Je suis en train de grandir !

J'essayai de sourire :

- Tu sais, ce n'est pas toujours marrant !

Sans répondre, elle m'accompagna à la porte. Je l'ouvris sur l'humidité du crépuscule et partis à grands pas.

Anthony n'habitait pas très loin, mais quand j'arrivai devant chez lui, il faisait déjà nuit. Terrorisée à l'idée de tomber sur ses parents ou sur son frère aîné, je me glissai dans le jardin. Dissimulée derrière un pommier, j'observai la maison. Tout était calme. Les rotondes, de part et d'autre de la porte d'entrée, étaient éclairées. Il y avait donc du monde à l'intérieur.

Courage ! Je m'étais donné une mission et je devais la mener à bien. Mais cette fois, c'était moins facile que pour le cours de dessin. Qu'étais-je venue faire, sinon implorer qu'Anthony s'occupe de moi ? C'était d'un ridicule ! Alors, devais-je abandonner la partie ? Me déclarer battue ? Non ! En fait, je voulais connaître la vérité, même désagréable.

Je voulais qu'Anthony me la dise de vive voix.
Je me faufilai sans bruit en direction de la maison. J'avais l'impression de jouer aux cow-boys et aux Indiens.
En train de grandir, moi ? Les sentiments que j'éprouvais étaient tellement contradictoires et infantiles ! À ce moment précis, j'avais la certitude que je resterais éternellement une gamine ! La preuve : au lieu d'attendre, la tête haute, qu'Anthony se traîne à mes pieds (comme dans les romans) ou m'explique clairement les choses, je m'approchais en catimini d'un soupirail éclairé, pour l'espionner.
Des voix s'en échappaient. Était-ce une répétition de la pièce ?
Je me penchai... et pris la plus grande claque de ma vie.
Anthony et Christine ! Dans les bras l'un de l'autre ! Si serrés que, bruns et blonds, leurs cheveux se mêlaient. Ils s'embrassaient.
Tout était fini pour moi.
Je rentrai à la maison comme une somnambule et me barricadai dans ma chambre.
Recroquevillée dans mon lit, je refusais de bouger.
Non ! Je ne voulais pas dîner ! Non ! Je ne

voulais pas répondre à Helen au téléphone ! Oui ! Je me sentais mal ! Oui, j'avais pris froid ! Froid au cœur.
L'idée de dîner avec Christine me donnait envie de vomir. Quel faux jeton ! Pour mieux me mentir, elle m'avait donné des conseils, m'avait coiffée et maquillée avant mon rendez-vous avec Anthony. Elle devait rire sous cape à ce moment-là ! Se moquer de moi, comme d'habitude.
Je la haïssais !
J'enfouis ma figure dans l'oreiller.
– Cathy ?
Je sursautai. Christine ! Derrière ma porte !
– Tu m'ouvres, Cathy ? Il faut que je te parle.
– Laisse-moi ! répondis-je.
Mais je n'eus pas la force de lui dire la vérité. Je fis ce piteux mensonge :
– J'ai un contrôle, demain. Je veux dormir.
– Dis-moi, Cathy…
Pourquoi insistait-elle ? Quelle hypocrite !
– Qu'est-ce qui ne va pas ?
– Rien.
Il y eut un silence. Puis elle souffla derrière le battant :
– Tu sais, j'ai rompu avec Terry.
C'était la meilleure ! Comment osait-elle !

– Fiche-moi la paix ! hurlai-je.
Et je disparus sous ma couette. Peu après, j'entendis sa porte claquer. Bon débarras !
– Je te déteste ! dis-je à mi-voix.

Chapitre 11

À la pause déjeuner, Helen s'installa sur le siège que j'avais réussi à lui garder dans le tohu-bohu de la cantine.

– Tu fais une de ces têtes ! remarqua-t-elle tout en picorant dans son assiette de hors-d'œuvre. Facile de deviner ce que tu as !

– Ça m'étonnerait. Personne ne peut deviner ce que j'ai ! marmonnai-je.

Mon amie parut vexée :

– Tu te prends pour une héroïne de tragédie, ou quoi ?

Alors, malgré le désir de me taire, tout sortit. Tout ce que j'avais sur le cœur à propos de Christine : son autorité, ses caprices, ses moqueries, ses vieux habits dont j'héritais et…

– Et quoi ? interrogea Helen.

Avec l'impression de me noyer, je murmurai d'une voix blanche :

– Et Anthony.

– Quoi, Anthony ?

– Elle me l'a volé !

Les yeux ronds, Helen arrêta de mâchonner sa salade :

– Attends, attends, dit-elle, ébahie. Tu veux dire que… ?

– Oui, c'est ça ! Tu as compris ! éclatai-je.

Elle déglutit avec peine :

– Quoi ? Christine et Anthony ?

– Oui. Tu es vachement rapide, comme fille ! ajoutai-je, mesquine.

– Et toi complètement cinglée !

Elle me regardait d'un air désolé :

– Tu as une sacrée imagination ! Où vas-tu chercher tout ça ?

– Chez Anthony, figure-toi !

D'une voix hachée, je lui racontai la scène : la maison dans la nuit, le couple enlacé. Helen m'écoutait, les yeux comme des soucoupes. Je me tus.

– C'était Christine et Anthony, tu es sûre ? finit-elle par demander.

– J'en suis certaine !

Elle secoua la tête :

– Il y a un truc qui cloche : s'ils sont amoureux l'un de l'autre, pourquoi Anthony t'a-t-il invitée, toi, au lieu de ta sœur, l'autre soir ?

Je la toisai :

– Pour que Terry Hoog ne se rende compte de rien ! C'est ce qu'on appelle un coup monté !

Elle haussa les épaules :

– Je trouve ça plutôt tiré par les cheveux.

– Parce que tu ne vois pas plus loin que le bout de ton nez ! répliquai-je méchamment.

– Non ! Parce que je ne suis pas parano, moi ! Nuance ! D'ailleurs, réfléchis, il voulait te revoir. Vous aviez rendez-vous chez Jack's.

Je faillis fondre en larmes :

– Tu parles ! chevrotai-je. Il m'a posé un lapin. Je l'ai attendu de 15 heures à 15 heures 15 et je suis partie !

– Quinze minutes, seulement ? Quelle patience !

Elle éclata de rire :
– En fait, c'est toi qui lui as posé un lapin, Cathy !
– N'importe quoi !
– Pas du tout !
L'air supérieur, elle s'expliqua :
– À 15 heures 15 tapantes, à la sortie du lycée, j'ai croisé Anthony qui courait te retrouver. Il était bien embêté. Il venait de rencontrer son frère qui l'avait retardé, à ce qu'il m'a dit...
Son frère ? Il avait bon dos, le frère ! Je levai les yeux au ciel. Pourtant, j'étais troublée. J'avalai une gorgée de lait. Puis je repartis à l'assaut.
– Inutile de lui trouver des alibis, dis-je sèchement. Il est peut-être venu chez Jack's... mais après, il a retrouvé Christine chez lui et...
Ma voix se cassa. Helen se pencha vers moi :
– Dis-moi, quelle heure était-il quand tu les as vus ?
– 17 heures, à peu près.
– Alors, ce n'était pas Anthony ! s'écria-t-elle, triomphante.
Des têtes se retournèrent. Encore des ragots en perspective ! Mais Helen s'en fichait. Elle

se prenait pour l'inspecteur Columbo, tout à coup.
– À 17 heures, Anthony Peters se trouvait au centre commercial de Mayfield, lança-t-elle, catégorique.
– Tu l'as lu dans une boule de cristal ?
– Non. Je l'ai rencontré, lui.
Je sursautai :
– Encore ?
– Oui. Et ce n'était pas un mirage, puisque Alex l'a vu aussi ! On était ensemble. On lui a même parlé, à ton Anthony !
À cet instant retentit une sonnerie stridente : fin de la pause, il fallait courir en classe. Pour se faire entendre, Helen hurla :
– On l'a vu tous les deux. De nos yeux vu ! Je te le jure !

Ces mots me hantèrent pendant tout le cours d'anglais. Qui avait raison ? Qui se trompait ? Helen ou moi ?
Bon sang ! Je pouvais le jurer aussi : c'était bien Anthony dans le sous-sol ! Ses cheveux bouclés, sa haute taille... je l'aurais reconnu entre mille, même le visage enfoui dans un flot de cheveux blonds... Hélas !
– Cathy Halley !

La voix de Mme Hilton me frappa comme une balle. Je relevai la tête.
– Pouvez-vous répéter ma question, Cathy ?
– Euh…
– Je vois. Une fois de plus, vous voltigez dans les nuages !
Quelques ricanements fusèrent. Le professeur les fit taire d'un geste agacé :
– Personnellement, je ne trouve pas ça drôle !
Derrière ses lunettes, ses yeux lançaient des éclairs :
– Votre attitude est très vexante, Cathy. Vous vous comportez comme si je n'existais pas, alors que je fais tout mon possible pour intéresser mes élèves. Vous pourriez au moins faire l'effort de m'écouter.
Écarlate, je fixais une rainure du pupitre. Mme Hilton se tut. Je soupirai de soulagement. Mais ce n'était pas fini. Elle avait juste repris son souffle avant de me décocher le pire :
– Cathy, je vous ai bien observée. Laissez-moi vous dire une bonne chose : vous ne portez aucune attention aux autres ! La seule chose au monde qui vous préoccupe, c'est vous-même. Vous n'êtes qu'une petite égoïste.
Le dernier mot tomba comme un couperet.

Il vibra dans la pièce et m'atteignit en pleine figure. Égoïste. Étais-je vraiment une égoïste ? Je tâchai de réfléchir à la question et, atterrée, compris que Mme Hilton avait peut-être raison. Je n'écoutais personne, je ne regardais personne, je ne m'intéressais à personne. Le monde tournait autour de Catherine Halley, cette victime de la « malchance » ! Elle restait en tout la petite fille qui regardait dans l'assiette de l'autre et la trouvait, bien sûr, plus appétissante que la sienne ! À la place d'Helen, aurais-je été l'amie d'une fille pareille ? Pas forcément ! Être sa grande sœur ne devait pas être du gâteau, non plus ! Pauvre Christine ! Je prenais mal ou interprétais de travers chacun de ses gestes. La jalousie m'aveuglait… parce que je l'admirais depuis toujours ! C'était mon modèle. Mais je n'avais jamais compris qu'il était normal qu'elle ait tout avant moi puisqu'elle avait deux ans de plus ! Mes revendications puériles devaient l'exaspérer… elle se cabrait… et nous nous retrouvions dans une impasse. Que c'était bête… et triste !

Après le cours d'anglais, je me rendis à l'étude avec un cafard noir. Je ne voyais plus rien.

Je m'assis à ma place dans un état second. J'avais honte. J'étais triste. Je me demandais si Anthony me plaisait réellement, si je l'aimais vraiment. Il n'était peut-être pour moi qu'un caprice. Peut-être n'avait-il servi qu'à satisfaire ma vanité, après tout ? Une espèce de revanche. Mais comment le savoir puisque je ne le reverrais sans doute plus jamais ?
Dans mon dos, un chuchotement me fit tressaillir :
– Cathy…
Comme si j'allais surprendre un fantôme, je me retournai, le cœur battant :
– Anthony !
Il était là, en effet, à l'endroit habituel ! Médusée, j'avais envie de lui sourire… ou de fuir à toutes jambes ! Je ne savais plus ce que je voulais. Je savais seulement qu'Anthony me plaisait réellement.
Et je lui tournai le dos.
– Désolé de t'avoir ratée hier, souffla-t-il. Tu m'as échangé contre un autre ou quoi ? ajouta-t-il en plaisantant.
Voilà ce qu'on appelle inverser les rôles ! Je lui jetai un regard courroucé :
– Tu peux parler, Anthony !
– Je ne te comprends pas.

– Tu veux un dessin ?
Oubliant totalement notre cerbère, je répondis plus fort :
– Je t'ai vu avec Christine, hier soir, et…
– Cathy Halley et Anthony Peters !
Mlle Stanford ! Rouge de fureur, elle pointait l'index dans notre direction :
– Mais vous le faites exprès ! Cette fois, je vous envoie chez le proviseur ! J'irai le prévenir après l'étude.
Décidément ! À tous les coups l'on gagne !
Il y eut un silence de mort. Tête penchée sur mes cahiers, je n'osais plus me retourner. Soudain, une boulette de papier frôla ma joue et atterrit sur mes genoux. Je la dépliai à la hâte.
« Cathy,
Tu perds la tête ou quoi ? Je dois te parler.
Anthony. »

Chapitre 12

En attendant le retour de Mlle Stanford – en « mission » chez le proviseur –, je fis un tour aux toilettes. Les cours finis, l'endroit était désert. Je me moquais pas mal des sanctions qui pouvaient me tomber dessus. J'étais trop préoccupée par ce qui venait de se passer. Je relus le mot d'Anthony.

Il avait raison : on devait s'expliquer.

– Pourvu que tout s'arrange ! murmurai-je tout bas. Pourvu que tout ça ne soit qu'un malentendu !

Jetant un regard traqué dans le miroir, j'eus un haut-le-corps : pâle, triste et défaite, je paraissais déjà vaincue ! Je plongeai précipitamment dans mon sac. Cinq minutes plus tard, un peu de fard me rosissait les pommettes et une goutte de brillant à lèvres embellissait ma bouche. C'était mieux !
J'entendis des pas résonner dans le couloir : quelqu'un approchait. Zut ! pourvu que ce ne soit pas une de mes bêtes noires, Carole Astor ou Nathalie Colby ! L'air affairé, je rangeais mes affaires quand la porte s'ouvrit :
– Cathy…
C'était Christine !
– Qu'est-ce que tu fais là ? me demanda-t-elle.
Oubliant mon raisonnement de tout à l'heure, je lui jetai un regard hostile :
– Je n'ai rien à te dire.
Agressive, je me préparais à la bagarre, mais ma sœur me sourit avec une douceur surprenante :
– Tu as encore eu des ennuis avec Mlle Stanford, je parie.
Bien obligée de l'admettre, je marmonnai :
– Anthony s'est empressé de te l'annoncer, hein ?

– Non. Pourquoi ?
Un mensonge supplémentaire, sans doute ! Mon cœur battait à me faire mal : elle était radieuse. Plus jolie que jamais ! Parce qu'elle était sûre d'Anthony. Il l'aimait. Elle ne craignait plus personne, et sa petite sœur moins que quiconque !
– Je ne l'ai pas vu aujourd'hui. On n'a pas de répétition, précisa Christine.
– Comme si tu avais besoin de ce prétexte !
J'étais prête à éclater en sanglots ou à griffer ce visage rayonnant ou…
– Tu sais, dit-elle, tu as tout faux ! J'ai plein de choses à te dire depuis hier soir !
Changée en statue, je ne pus articuler un son.
Elle écarta ses doigts ; ils étaient tachés d'encre :
– Je ne m'attendais pas à te trouver ici ! Une chance que mon stylo ait fui !
Après s'être lavé et séché les mains, elle s'écria :
– Dépêchons-nous ! Tim m'attend dehors.
Je retrouvai l'usage de la parole :
– Tim ?
– Oui. Viens avec moi, Cathy.
Comme je ne bougeais pas, elle me tira par la manche.

Ses cheveux bruns en désordre, il était appuyé contre le mur du hall. Anthony… Non ! Ce n'était pas lui ! Aussi grand, aussi mince, aussi beau, mais bien plus vieux ! « Il a au moins vingt-trois ans », supposai-je en m'approchant de lui. Christine me le présenta :

– Voilà Tim.

Puis, me désignant :

– Ma sœur Cathy.

« Ma sœur. » Pas « ma petite sœur » ! Pour la première fois de sa vie, Christine ne m'affublait plus de cet adjectif ! C'était un grand jour. Toutes mes inquiétudes balayées, je souris jusqu'aux oreilles. Tim me serra la main.

– Alors ? interrogea-t-il. C'est toi qui fais craquer mon frère ?

Son frère ! Tout s'expliquait ! Le garçon qui embrassait Christine dans le sous-sol, c'était lui, le frère d'Anthony ! J'éclatai de rire :

– Vous vous ressemblez comme deux gouttes d'eau !

– Pas vraiment ! plaisanta-t-il. Moi, je suis un jeune homme sérieux qui travaille déjà !

Christine se pendit à son bras :

– Au centre commercial, lui aussi, comme leur père, renchérit ma sœur.

– Et je dois me dépêcher. Je dois y être à 15 heures 15.
Je restai sous le choc. Les pièces éparses de ce puzzle se mettaient enfin en place. Helen avait raison : Anthony avait bien croisé son frère à l'heure de notre rendez-vous, celle de la pause de Tim !
– Je suis une idiote ! murmurai-je.
Mais aussi, pourquoi Christine faisait-elle autant de cachotteries ? Si elle préférait Tim à ce crétin de Terry Hoog, elle aurait pu nous le dire !
Lut-elle dans mes pensées ?
– Tu sais, dit-elle, je craignais d'inquiéter les parents. Nous avons cinq ans de différence !
Tim l'interrompit en riant :
– Hé ! L'âge de la retraite est encore loin !
Soudain, j'eus honte. J'étais la reine des tempêtes dans un verre d'eau ! Pire : j'osais douter des autres parce que je manquais de confiance en moi. L'explication m'apparut clairement.
C'était décidé, j'allais m'efforcer de changer en mieux.
La voix de Tim me fit sursauter :
– À tout à l'heure, les filles !
Il lança un baiser à Christine et s'en alla.

– Je le présente aux parents tout à l'heure, m'annonça-t-elle.
Nos regards se croisèrent. Le sien vacillait un peu :
– J'ai le trac, Cathy.
Je lui souris :
– Il n'y a pas de raison. Tout va très bien se passer, j'en suis certaine.
J'avais l'impression que c'était moi, la grande sœur ! Une grande sœur qui aide, console et encourage.
– Allez, ne t'inquiète pas, dis-je tendrement.
Et je l'embrassai.

Je me précipitai vers le bureau du proviseur, M. Price, et frappai timidement à la porte.
– Entrez, cria une voix sévère.
J'obtempérai sur la pointe des pieds… et restai saisie : Anthony était déjà là, assis confortablement en face du proviseur. Ils discutaient comme deux amis et il n'y avait pas trace de Mlle Stanford !
– Asseyez-vous, m'ordonna M. Price.
J'obéis. J'oscillais entre la crainte de la punition et le bonheur de ma complicité retrouvée avec Christine. Quant à Anthony… je le regardai avec tendresse. Il fallait être

folle pour l'avoir confondu avec son frère ! Il était cent fois mieux ! Non parce qu'il était un bon acteur de théâtre, mais parce qu'il était Anthony. Tout simplement. « En plus, pensai-je, il est aussi un " petit frère ", lui. » Nous avions un point commun supplémentaire !
La voix de M. Price me rappela soudain où j'étais.
– Je viens de parler avec Anthony Peters, dit-il. Il s'est excusé de votre attitude au cours de l'étude et m'a promis de ne plus recommencer.
– Je suis d'accord avec lui, dis-je précipitamment.
Le proviseur sourit :
– Soit. Je veux bien comprendre que votre projet de théâtre vous préoccupe et que vous vous consultiez souvent pour tout mettre au point. Je soutiens moi-même l'entreprise avec enthousiasme. Cela posé, évitez de troubler le travail des autres. Pour cette fois, je ne dirai rien, mais gare à la prochaine !
Il se leva. Nous aussi.
– Jeunes gens, je vous souhaite tout le succès que vous méritez. Au revoir !
– Au revoir, et merci beaucoup, M. Price !

En quittant le bureau, j'étais sidérée. Je me tournai vers Anthony.
– Mais qu'est-ce qu'il a voulu dire ? Qu'est-ce que tu lui as raconté ? Que je jouais dans *Roméo et Juliette* ?
– Jouer ? Non. Tous les rôles sont pourvus. Mais tu participeras quand même.
– En faisant quoi ?
Je faillis m'exclamer : « Je ne suis bonne à rien », mais je me mordis la langue juste à temps. Ouf ! Le métier de fille sûre d'elle-même commençait à rentrer !
– Pour jouer la pièce, poursuivit Anthony, il nous manquait quelque chose de très important… Personne dans la troupe n'était capable de le faire… Christine m'a dit que toi seule pouvais nous sauver.
J'ouvris de grands yeux.
– Moi ? Mais en faisant quoi ?
– Le décor et les costumes, tiens ! Pour me montrer les dessins qu'elle t'avait dérobés, elle est venue avec son amie Jane, qui t'a rencontrée au cours, lundi…
Je poussai un cri de stupeur ! Jane, une amie de ma sœur ! Je l'avais bien vue quelque part en effet, et c'était avec Christine ! J'aurais dû m'en douter…

Anthony me prit par la taille :
– Petite cachottière ! Jane m'a dit que tu avais beaucoup d'imagination et que tu étais très douée.
– Mais…
Un baiser m'interrompit :
– Écoute-moi, Cathy. C'est toi qui me plais, et pas une autre.
Anthony soupira :
– Ça sera dur, quand je jouerai Roméo ! J'aurai tout le temps envie de fuir Juliette pour me précipiter dans le décor !
J'éclatai de rire. Un rire heureux qui sautilla jusqu'à lui et le fit rire aussi !
Je me dis que sa Juliette de théâtre était peut-être Christine, mais que la seule et vraie Juliette de sa vie, c'était moi !

FIN

EXTRAIT

Et pour rêver encore,
lis cet extrait
de

ÉCHEC ET... MATHS

Chapitre 1

– Cramponnez-vous !

Le canot descendait la rivière à toute allure et l'air glacé fouettait le visage de Cathy Meyers.

Avec l'arrivée du printemps, le cours d'eau s'était transformé en torrent tumultueux. Cathy adorait ce sport qui lui donnait l'impression de risquer sa vie à chaque instant.

Ils étaient cinq – deux garçons et trois filles – à partager la griserie de cette descente en raft. Outre Cathy, l'équipe comprenait Marty Mason et sa sœur Jan, Tracy Wilder – l'amie de Cathy et de Jan

– et Derek Sorenson.

Marty connaissait la rivière comme sa poche et préparait chaque expédition avec soin. Les sports d'eau vive étaient sa seule passion.

Pour Cathy, c'était différent. Elle raffolait du rafting… pour l'instant. Elle s'était déjà emballée pour le roller-skate, la danse, la photo… Active et pleine de curiosité, elle avait envie de tout essayer. Mais dès qu'une activité commençait à l'ennuyer, elle laissait tomber.

– Cathy, ce n'est pas sérieux ! se lamentait son père devant le manque de constance de sa fille.

– Côté résultats scolaires, tu n'as rien à me reprocher, répondait-elle du tac au tac. Même en travaillant un minimum, je suis une des meilleures de ma classe ! Alors, laisse-moi faire ce que je veux.

À propos des résultats, elle disait vrai, à une exception près : les mathématiques, où elle avait de sérieuses difficultés. Mais elle cherchait par ces fanfaronnades à dissimuler son inquiétude. D'ailleurs, elle sentait combien son comportement pouvait être parfois absurde : le vendredi, elle avait « oublié » exprès son carnet de notes au lycée. C'était la seule idée qui lui était venue pour repousser jusqu'au lundi une scène inévitable. Cathy avait un tas de projets pour le week-end et savait pertinemment que ses parents ne la laisseraient jamais sortir s'ils voyaient sa note d'algèbre.

Depuis la rentrée, son père, Stephen Meyers, enseignait l'anglais à Sierra Heights, son propre lycée. Et dès lors, tout avait changé. Elle se sentait cataloguée comme « la fille de M. Meyers ». Un garçon qui ne lui avait jamais adressé la parole auparavant avait eu le culot de suggérer qu'elle fasse passer en douce les corrigés des interrogations. Un autre avait cherché à sortir avec elle, pensant pouvoir s'assurer une bonne note en anglais. Et lorsque Jan et Tracy venaient dîner chez elle, elles ne parlaient que de littérature anglaise avec son père.

– Papa monopolise toujours la conversation ! explosa un jour Cathy. Encore heureux que tu sois institutrice, Maman. Je ne pourrais pas supporter de vous avoir tous les deux sur le dos au lycée !

Sa mère parut froissée par cette remarque, et

Cathy regretta de s'être emportée. Elle aimait beaucoup ses parents mais, depuis le début de l'année, elle s'opposait systématiquement à eux. Ils ne lui parlaient que de carrière, de bonnes notes, et ça avait le don d'exaspérer Cathy. C'était à se demander s'ils avaient jamais été jeunes...

– Hé ! Cath, tu es toujours avec nous ? demanda Jan, la tirant de ses pensées. Si tu pagayais un peu ?
Cathy accepta de mauvaise grâce. Elle s'y prenait mal et ses coups de rame maladroits lui donnaient vite des douleurs aux épaules.
– Si tu continues à barboter comme un canard, on sera encore là dans trois semaines ! ironisa Marty.
Tracy sourit :
– Cathy fait toujours les choses à sa façon. Tu devrais le savoir, Marty.
– Pour l'instant, ce que je sais, c'est qu'il est temps de rentrer ! répliqua Cathy.
Ils accostèrent. Derek lui offrit sa main pour sortir du canot :
– Comment vas-tu à la fête, ce soir ?

– Peu importe : en bus, en skate, en train…
Il lui envoya une bourrade dans le bras :
– D'accord, grosse maligne, débrouille-toi comme tu voudras. Je pensais que tu aurais aimé venir en voiture avec Jan, Tracy et moi.
– C'est la proposition la plus géniale qu'on m'ait jamais faite, répondit Cathy avec un grand sourire narquois.
Ils hissèrent le raft sur la galerie de la voiture, puis s'entassèrent à bord. Marty prit le volant.
– Mets le chauffage à fond, je suis gelé, demanda Derek en claquant des dents.
– Moi aussi ! J'ai hâte de prendre une douche bien chaude, renchérit Cathy, frigorifiée.

Arrivée chez elle, la jeune fille passa dans sa chambre pour y prendre une robe en lin couleur abricot qui mettait en valeur son bronzage. Puis elle fila sans bruit à la salle de bains. Elle se débarrassa de ses vêtements trempés, se doucha et se rhabilla en vitesse. Elle était en train de se sécher les cheveux quand sa mère frappa à la porte.
– Quand tu auras fini, ton père et moi avons à te parler.

– D'accord, Maman.
Au ton de sa mère, elle comprit que ça allait barder. À contrecœur, elle sortit dans le couloir et passa devant la porte de la chambre de son frère Matt.
– Eh bien, ma vieille, tu es dans le pétrin ! commenta-t-il depuis son bureau.
Matt avait beaucoup changé depuis la rentrée scolaire. À treize ans, c'était un grand gaillard. Il dépassait sa sœur de plusieurs centimètres. Cathy, pour le taquiner, le comparait à leur chien Horace, passé en quelques mois d'une petite boule de fourrure à un superbe setter irlandais.
– Qu'est-ce qui se passe, Matt ? murmura-t-elle sur un ton de conspirateur.
Quand il s'agissait de faire front contre leurs parents, ils s'entendaient toujours bien.
– Ta note d'algèbre ! souffla-t-il sur le même ton. Marcus a vendu la mèche…
Cathy blêmit. M. Marcus était son professeur de maths.

Elle trouva ses parents dans la salle de séjour.
– Assieds-toi, Cathleen.

Elle se laissa choir au fond d'un fauteuil et attendit. Elle savait que lorsque ses parents l'appelaient Cathleen, c'était mauvais signe.
– Nous devons parler de ton carnet, précisa son père. M. Marcus m'a informé que tu avais eu un 4 en algèbre.
Cathy avala sa salive avec peine.
– Oui.
– J'ose espérer que tes autres notes ne sont pas aussi minables ! continua-t-il.
– Non, soupira-t-elle.
Elle avait eu de bons résultats dans les autres matières, à part un léger fléchissement en histoire.
– Cathy, nous nous sommes montrés très compréhensifs avec toi. Mais tu es douée et il n'y a aucune raison pour que tu obtiennes une note aussi catastrophique, expliqua patiemment sa mère. Puisque tu n'es pas capable de travailler seule, nous t'avons trouvé un professeur particulier.
Surprise, Cathy ouvrit des yeux ronds :
– Un professeur particulier ? Qui ça ?
– John Crowley, un de mes élèves, répondit M. Meyers. Tu le connais ?
– Non. Enfin, peut-être. Je suppose que c'est l'un

de ces ringards qu'on trouve au lycée...
Ce n'était pas la chose à dire, Cathy le savait. Mais elle imaginait déjà le genre de garçon que ses parents avaient choisi. Un de ces élèves de terminale studieux et assommants, affublés d'horribles lunettes...
– Ce n'est pas un ringard, Cathy. C'est un jeune homme sérieux et brillant. Je le crois tout à fait capable de te donner un coup de main.
Stephen Meyers parlait d'un ton sévère, et Cathy se demandait comment sortir de cette impasse.
– Je ne veux pas de professeur particulier, Papa, protesta-t-elle. Je vais travailler davantage, je te le promets. Et je demanderai à Derek ou à Jan de m'aider.
– Tu nous as déjà fait ce genre de promesses. Et tu vois le résultat.
Se sentant à bout d'arguments, Cathy fit mine de se lever.
– Je peux y aller, maintenant ? Je dois finir de me préparer.
Sa mère haussa les sourcils :
– Et où comptes-tu aller ?
– Je suis invitée à une fête chez Lisa Shuler,

Maman. Je t'en ai parlé il y a une semaine, souviens-toi.

– Appelle Lisa pour la prévenir que tu n'iras pas, déclara sèchement son père. Et tu peux décommander tout ce que tu avais prévu ce week-end. À partir de maintenant, tu es punie.

– Mais, Papa… !

– Je parle sérieusement, Cathy.

Après avoir lancé un coup d'œil approbateur à son mari, sa mère se tourna vers elle.

– Ça ne sera pas long, ma chérie : en quelques semaines, tu auras rattrapé ton retard, et tu pourras faire de nouveau ce que tu veux.

– Quelques semaines ! Il va falloir que je reste enfermée tout le printemps, sans pouvoir m'amuser avec mes amis ! C'est trop injuste ! Vous auriez pu au moins me laisser ce dernier week-end ! lança Cathy avant de sortir en trombe de la pièce. Dans sa colère, elle bouscula Matt qui s'était approché de la porte pour écouter. Elle ne lui adressa pas un mot. De toute façon, personne ne pouvait plus rien pour elle. Lorsqu'elle entra dans sa chambre, il lui sembla que les murs se refermaient sur elle comme ceux d'une prison.

Découvre vite la suite de cette histoire
dans

ÉCHEC ET...
MATHS

N° 307 de la série

Cœur Grenadine

Cœur Grenadine

PASSION DE LIRE

MON DOUBLE ET MOI

LE SECRET DU ROCKER

UN GARÇON DANS LE DÉSERT

LA FILLE SUR LE PLONGEOIR

UN DUO D'ENFER

DESTINATION SIDNEY

ÉCHEC ET... MATHS

RÊVES D'HIVER

PETITE SŒUR

Impression réalisée sur CAMERON par
BRODARD ET TAUPIN
La Flèche
en décembre 1997

Imprimé en France
Dépôt légal : janvier 1998
N° d'Éditeur : 3197 – N° d'impression : 1913T-5